Bessler / Opgenoorth

Keyboard 1

STARTER

Der Einstieg in das Keyboard-Spiel

AF 138053

Voggenreiter

Keyboard-Starter 1

Sie können die CD zu diesem Buch (im MP3-Format) ganz einfach auf Ihr Smartphone, ihr Tablet oder Ihren Computer laden. Scannen Sie einfach den QR-Code links und entpacken Sie die heruntergeladene Datei mit einem Doppelklick.

Ein besonderer Dank an Mario Müller für konstruktive Kritik.
Keyboard-Fotos: Yamaha Europa GmbH und Waldorf Electronics GmbH.

Umschlaggrafik: OZ, Essen (Katrin & Christian Brackmann)
Notensatz und Layout: B & O

© 1995 Voggenreiter Verlag
Wittfelder Stich 1, D-53343 Wachtberg
www.voggenreiter.de
Telefon: 0228.93 575-0

Auflage 2021

ISBN: 978-3-8024-0231-9

VORWORT

Diese Schule ist sowohl für den Autodidakten als auch für den Lehrer oder den Einsatz im Musikschulunterricht konzipiert. Wir haben uns bemüht, bei der Auswahl der Stücke eine ausgewogene Mischung von Popmusik, Traditionals und klassischer Musik zu bieten. Einige der Stücke wurden transponiert und/oder rhythmisch behutsam vereinfacht, damit auch der Anfänger schon nach wenigen Stunden gut klingende Stücke spielen kann.

Die Ausführungen zur **Musiktheorie** wurden auf das Wesentliche beschränkt. Sie bilden die Grundlage, die in den Folgebänden vertieft wird. So wird dem Schüler die benötigte Theorie schrittweise in kleinen Portionen vermittelt, ohne ihn mit der Darstellung komplexer Zusammenhänge zu überfordern und ihm so die Lust am Spielen zu nehmen.
Die eingefügten **Tests** (mit Lösungen im Anhang) unterstützen bei der Wiederholung und bieten eine gute Möglichkeit, den Lernfortschritt selbst zu kontrollieren bzw. Wissenslücken festzustellen und aufzufüllen.

Die beigefügte **CD** (auch als Download im MP3-Format) ermöglicht eine Kontrolle des Lernfortschritts gerade in der schwierigen ersten Phase des Lernens, wenn der Schüler mit dem Notenbild noch keine Klangvorstellung verbindet. Für den Autodidakten, der nicht auf einen Lehrer zurückgreifen kann, ist eine Kontrolle des Gelernten durch den Vergleich mit den Audiotracks noch wichtiger.

Dieser Band der Keyboardschule behandelt vor allem das Spiel mit der rechten Hand und den ersten Gebrauch der Begleitautomatik. Wir verwenden den „Fingered Chord"-Modus, damit der Schüler von Anfang an den Umgang mit vollständigen Akkorden lernt. Alle Lehrer und Schüler, die lieber den „Single Finger"-Modus verwenden wollen, können die entsprechende Tabelle am Ende des Buchs ausklappen. So hat jeder die freie Wahl, welchen Begleitmodus er verwenden möchte.

In den weiteren Bänden wird aber außerdem auf die Ausbildung der linken Hand Wert gelegt. Wir halten dies für wichtig, damit der fortgeschrittene Schüler – im Besitz einer soliden Technik beider Hände – nach eigenem Gutdünken über den Einsatz der linken Hand entscheiden kann. Auch für den Keyboarder, der privat oder in einer Band gelegentlich Klavier oder Synthesizer spielt, ist eine gleichberechtigte Ausbildung beider Hände unbedingtes Muss.

Jeromy Bessler / Norbert Opgenoorth

Hinweis: In dieser Schule wird die internationale Schreibweise für Akkorde und Notennamen verwendet. In der internationalen Literatur wird das deutsche H als B bezeichnet, das deutsche B als B♭ (gesprochen: B flat).

INHALT

EINFÜHRUNG

Zum Aufbau dieser Schule

An den Anfang dieser Keyboard-Schule, bevor die eigentlichen Lektionen beginnen, haben wir eine Einleitung mit einigen grundlegenden Informationen gestellt. Es geht dabei von verschiedenen *Keyboard-Typen*, *Klangerzeugungsarten*, und den *Noten* bis hin zu *Haltung* und *Fingersatz*.

Die einzelnen Lektionen sind folgendermaßen aufgebaut:

Theorie: In fast jeder Lektion kommt etwas Theorie neu hinzu. Sie wird auf der ersten Seite jeder Lektion erklärt und mit Grafiken anschaulich gemacht.

Übungen: Die Übungen setzen die Theorie in die Praxis um. Sie sollten aufmerksam geübt werden.

Song: Zu jedem Kapitel gehört ein Song, manchmal auch zwei. Diese sind jeweils passend zum Lehrstoff ausgesucht worden.

Test: Alle zwei Kapitel gibt es einen Test, in dem das Gelernte wiederholt werden kann. Die Lösungen befinden sich im Anhang.

Alle Übungen und Songs sind auf der **beiliegenden CD** eingespielt. Die Tracks sind nicht zum Mitspielen gedacht, sondern sollen eine klangliche Vorstellung der entsprechenden Stücke vermitteln. Es gilt stets: Erst hören, dann anhand der Noten alleine nachspielen.

 Die Track-Nummer der CD (bzw. des Audio-Downloads) wird durch das kleine CD-Symbol mit Zahl angezeigt.

Die **Übungen** in diesem Buch sind mit einem Piano-Klang aufgenommen worden, damit die Tonfolge klar erkennbar bleibt.

Die **Songs** wurden (ab Kapitel 3) mit vollständiger Begleitung eingespielt. Die Daten unserer Beispiel-Arrangements werden in dem Kasten über den Noten angegeben: „Sound" ist die Klangfarbe der Melodiestimme, „Style" gilt für die Begleitautomatik. Das „Tempo" wird in Viertelnoten pro Minute angegeben (siehe Lektion 1).

SOUND	Piano, Strings, E-Piano
STYLE	Pop Ballad
TEMPO	$\quad = 120$

Die Namen und Bezeichnungen können allerdings je nach Hersteller unterschiedlich sein. Es bleibt natürlich auch jedem selbst überlassen, ein eigenes Arrangement zu erstellen.

Keyboard, Synthesizer, Orgel, ...

In der Klasse der vollelektronischen Instrumente gibt es inzwischen eine riesige Anzahl verschiedener Modelle. In diesem Zusammenhang sollte man jedoch bedenken, dass der Begriff „Keyboard" häufig mit „elektronischem Tasteninstrument" gleichgesetzt wird, egal ob Synthesizer, Orgel oder ähnliches gemeint ist.

Elektronische Tasteninstrumente lassen sich in folgende Kategorien einteilen:

– Das **Keyboard** besitzt eine Vielzahl von verschiedenen Klängen, die normalerweise nicht bearbeitet werden können. Zudem ist eine aufwendige Begleitautomatik eingebaut, bei der Begleitharmonien und Rhythmen durch wenige
Tastenbefehle gespielt werden können. Keyboards haben meist eigene Verstärker und Lautsprecher eingebaut.

– Der **Synthesizer** zeichnet sich hauptsächlich dadurch aus, dass man künstliche Klänge frei programmieren und verändern kann. Im Gegensatz zum Keyboard besitzt er keine eigenen Verstärker und Lautsprecher.

– Die (elektronische) **Orgel** besitzt meistens 2 Tastaturen (Manuale), die versetzt übereinander angeordnet sind. Die vorhandenen Klänge orientieren sich an akustischen Orgeln und werden mit Zugriegeln eingestellt.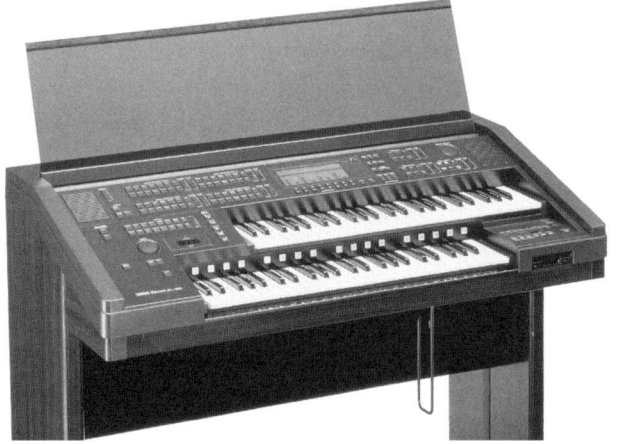

– Bei **Digital-Pianos** basiert die Klangerzeugung oft auf dem Sample-Playback-Verfahren. Es sind nur wenige Klänge vorhanden, die nicht verändert werden können.
Ebenso ist die Tastatur von höherer Qualität. Ein Sequencer und eine Begleitautomatik fehlen. Dieses Instrument wird oft von Pianisten verwendet, die mit Kopfhörer üben müssen, oder keinen Platz für einen Flügel haben, ihr gewohntes Spielgefühl aber nicht missen möchten.

Diese Einteilung in Instrumentengruppen ist jedoch stark vereinfacht. Die Grenzen zwischen den Kategorien verschwimmen immer mehr: So haben z. B. viele Synthesizer einen Sequencer eingebaut. Dieser ist allerdings nicht so „intelligent" wie die Begleitautomatik eines Keyboards. Dagegen hat man bei Keyboards oft die Möglichkeit, Klänge zu verändern. Die elektronischen Orgeln und Digital-Pianos nähern sich in Ausstattung und Möglichkeiten immer mehr dem Synthesizer an.

Klangerzeugung

Das Keyboard gehört – im Gegensatz zum Klavier – zu den vollelektronischen Klangerzeugern, genauso wie der Synthesizer, die Orgel und das Digital-Piano. Bei diesen Geräten wird der Klang nicht mechanisch erzeugt (wie beim Klavier mit Hämmern, welche die Saiten anschlagen), sondern von einem Computer. Eigentlich sind alle vollelektronischen Klangerzeuger nichts anderes als hochspezialisierte Computer.

Für die Klangerzeugung in diesen Instrumenten gibt es zwei Hauptprinzipien:

– Die **echte Klangsynthese**: Der Computer errechnet einen künstlichen Klang, der sich oft, aber nicht immer an originale Instrumente anlehnt bzw. sie imitiert. Für diese Synthese gibt es (je nach Hersteller) verschiedene Verfahren.

– Das sogenannte **Sample-Playback**: Bei diesem Verfahren ist eine digitale Aufnahme (ein „Sample" oder eine „Probe") des Originals der Ausgangspunkt der Klangerzeugung. Um zum Beispiel ein Klavier zu erzeugen, wird in einem Tonstudio eine Aufnahme von einem oder mehreren Klaviertönen gemacht. Diese Töne sind im Computer des Keyboards gespeichert, zusammen mit einer Rechenvorschrift, mit der das Keyboard aus diesen wenigen Tönen alle Töne eines Klaviers wieder errechnen kann.

Beide Verfahren haben ihre Vor- und Nachteile. Stark vereinfacht könnte man sagen, dass die echte Klangsynthese Vorteile für die Erzeugung neuer, innovativer Klänge bietet, während das Sample-Playback seine Stärken bei der Erzeugung realistischer „echter" Instrumente wie Klavier, Violine oder Flöte zeigt. Viele Hersteller sind daher dazu übergegangen, beide Verfahren zu kombinieren.

Ein kleiner Nachteil des Sample-Playbacks sind allerdings die Kosten: Um realistische Klänge zu erhalten, wird für die Ausgangs-Samples relativ viel Speicherplatz benötigt, und der ist teuer ...

Diese Verfahren werden heute in allen elektronischen Instrumenten mehr oder weniger stark eingesetzt, wodurch eine Unterscheidung der Instrumente anhand der Klangerzeugung sehr schwierig gemacht wird.

MIDI

Ein weiteres wichtiges Ausstattungsmerkmal eines Keyboards ist das Midi-Interface. Midi bedeutet „**M**usical **I**nstruments **D**igital **I**nterface", also frei übersetzt: Digitale Schnittstelle für Musikinstrumente. Diese Schnittstelle hat die Form einer oder mehrerer runder Buchsen an der Rückseite des Keyboards und ist eine sehr nützliche Sache. Über ein Midi-Kabel lassen sich elektronische Geräte verbinden und gleichzeitig verwenden, zum Beispiel:

- Wenn man zwei Keyboards miteinander verkabelt, kann man mit der Tastatur des einen das zweite Keyboard ansteuern. In diesem Fall nennt man das Keyboard, auf dessen Tastatur gespielt wird, **Masterkeyboard**.
- Man kann von einem Keyboard Daten mit einem Computer aufnehmen und speichern bzw. verändern.

Die Anwendungsmöglichkeiten der Midi-Schnittstelle sind (fast) endlos, weshalb hier auch nicht weiter auf technische Details eingegangen werden soll. Den Midi-Anschluss haben heute fast alle Keyboards, für ein Keyboard der Mittelklasse ist er auf jeden Fall ein „Muss".

Keyboard-Kauf

Die Wahl eines Keyboards hängt in erster Linie vom eigenen Anspruch ab, es sollten jedoch einige Dinge beachtet werden: Ein Keyboard hat in der Regel 61 Tasten (man sagt auch: einen Tonumfang von 5 Oktaven). Keyboards mit weniger Tasten sind für ernsthafte Zwecke wenig geeignet. In der oberen Preisklasse gibt es auch Ausführungen mit 76 oder 88 Tasten.

Keyboards sind ab ca. 50 Euro erhältlich, die Grenze ist nach oben offen. Die recht gewaltige Spanne erklärt sich aus der unterschiedlichen Ausstattung der Geräte, z. B.:

- Anzahl und Qualität der vorhandenen Rhythmen
- Aufwand bei der Klangerzeugung
- Möglichkeiten, Klänge und Rhythmen selbst zu erstellen
- Möglichkeit, mit einem eingebauten Diskettenlaufwerk Daten zu speichern
- Größe des Displays (Anzeige für Klänge und Rhythmen)
- Polyphonie (Anzahl der Tasten, die gleichzeitig angeschlagen werden können, bevor das Keyboard überlastet ist und Töne „verschluckt")
- Anzahl und Qualität der eingebauten Effekte (Hall, Chorus, Echo etc.)
- Anschlagsdynamik

Das Keyboard

Die meisten Keyboards sind mit einer großen Anzahl von Funktionen ausgestattet, die im Lauf dieser Keyboardschule erklärt und eingesetzt werden. Der erste Schritt sollte ein Blick in die Bedienungsanleitung des Keyboards sein, da es, je nach Hersteller, Unterschiede in der Anordnung und Bezeichnung der Bedienungselemente gibt.
Die Anordnung der Hauptbestandteile ist bei allen Keyboards ähnlich:

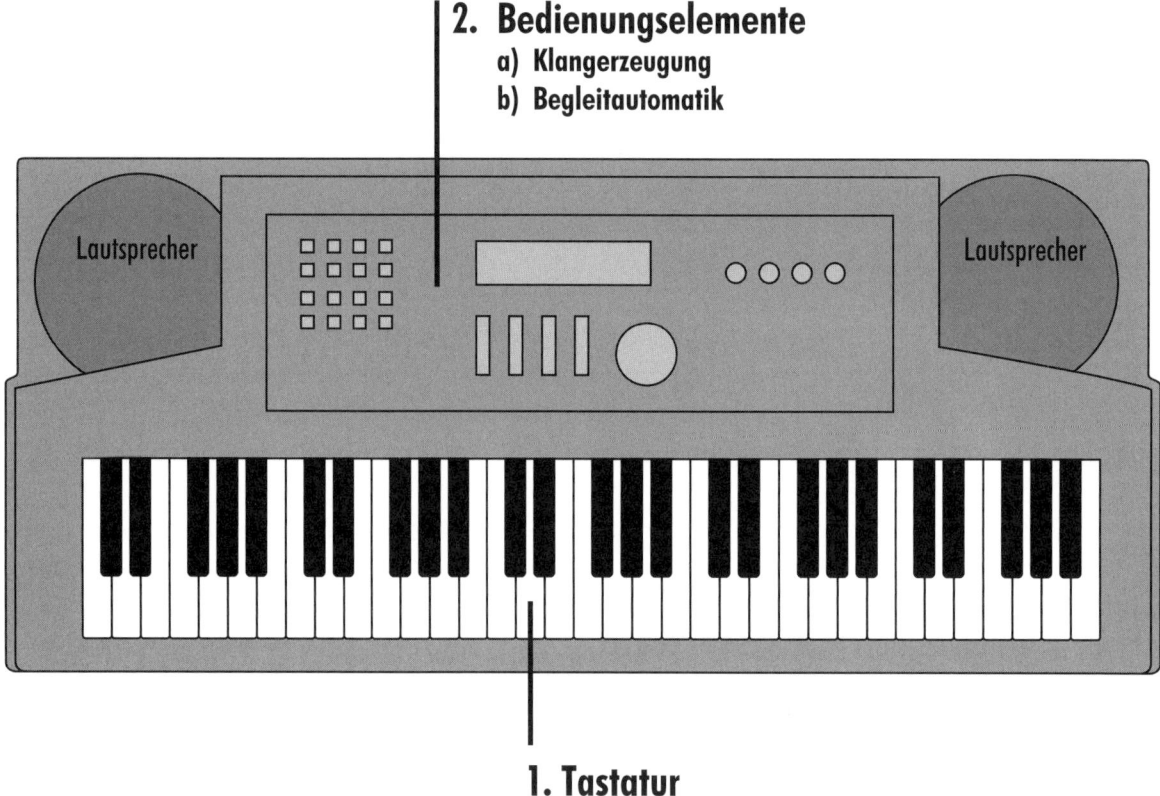

2. Bedienungselemente
    a) Klangerzeugung
    b) Begleitautomatik

1. Tastatur

1. Die **Tastatur:** Auf ihr wird gespielt.

2. Die **Bedienungselemente:**

   a) Die **Klangerzeugung:** Sie ist im Inneren des Keyboards untergebracht und erzeugt auf elektronische Art (mehr oder weniger) realistische Klänge.
       Die entsprechenden Schalter für die Klangerzeugung befinden sich meist in der Mitte des Keyboards, über der Tastatur. Dort lässt sich einstellen, welche Klänge erzeugt werden sollen.
   b) Die **Begleitautomatik:** Durch das Drücken einer oder mehrerer Tasten kann der Keyboardspieler einen Rhythmus mit harmonischer Akkord-Begleitung aufrufen, der danach automatisch weiterläuft.
       Diese Automatik bietet dem Anfänger durch ihre Funktionen die Möglichkeit, bereits nach kurzer Zeit Stücke mit Begleitung zu spielen.
       (Die Begleitautomatik wird erst im 3. Kapitel verwendet und dort näher erklärt.)

Die Tastatur

Die Tastatur eines Keyboards hat gewöhnlich 61 Tasten. Es gibt natürlich auch Varianten mit mehr oder weniger Tasten.
Die tiefen Töne liegen links, die hohen rechts auf der Tastatur.

Die schwarzen und weißen Tasten auf der Tastatur sind in einem bestimmten Muster angebracht: Der Grundbaustein besteht aus 2 + 3 schwarzen Tasten mit den benachbarten weißen Tasten.
Er wiederholt sich auf der gesamten Tastatur fünfmal.

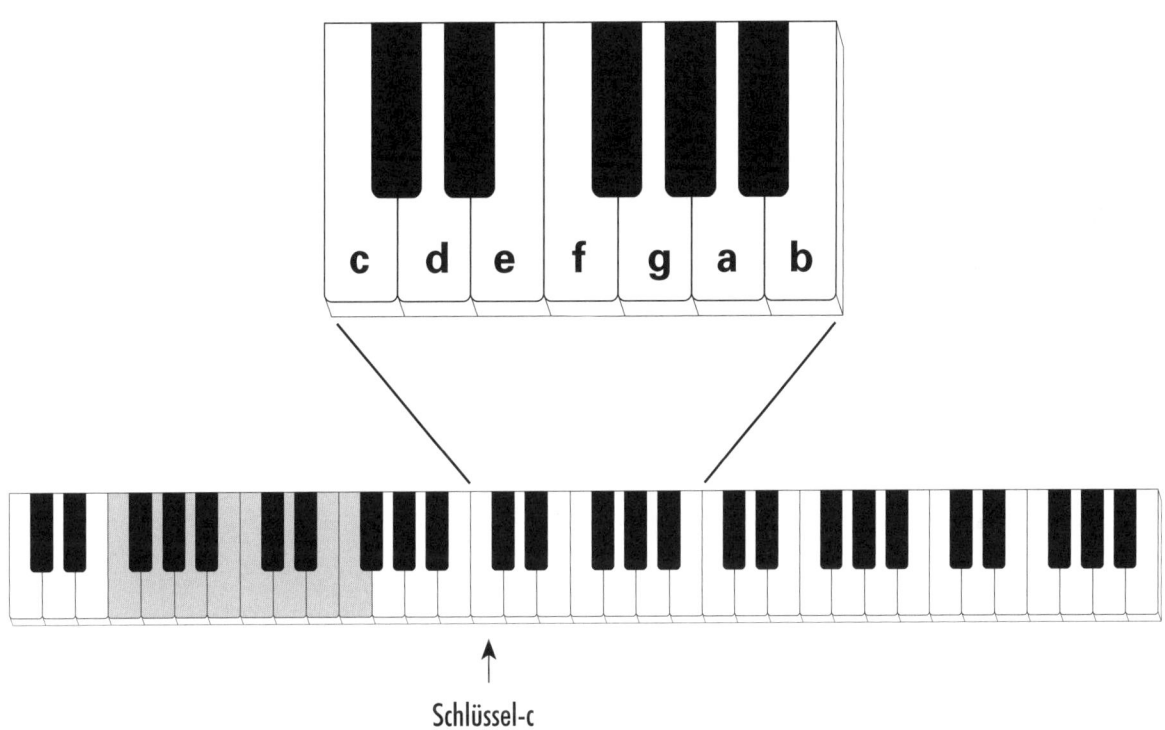

Schlüssel-c

Die Tasten im grau schraffierten Bereich werden ab Kapitel 3 für die Begleit-automatik gebraucht. Die Tasten links davon können ebenfalls für die Automa-tik verwendet werden, für die Stücke in diesem Band werden sie jedoch nicht benötigt.
Auf den übrigen Tasten werden die Melodien der Songs gespielt.

Besonders wichtig ist die Taste in der Mitte (Pfeil). Sie markiert den Ton c. Mit dieser Taste beginnen die ersten Übungen.

Dieser Ton c wird auch „Schlüssel-c" genannt, da die meisten Klaviere einen abschließbaren Tastaturdeckel besitzen und dieser Ton in der Nähe des Schlosses liegt.

Noten – die Buchstaben der Musik

Wenn man gesprochene Worte aufschreiben will, verwendet man die lateinischen Buchstaben. In der Musik ist es ähnlich: Man verwendet die **Notenschrift**; die **Noten** sind die „Buchstaben" mit denen man Töne und Melodien aufschreiben kann.

Es gibt verschiedene Formen von Noten, sie können z. B. unterschiedliche Notenköpfe haben oder auch einen Notenhals:

Die Unterschiede zwischen diesen Noten werden im Laufe dieser Schule erklärt.

Mit Hilfe der Notenschrift können alle wichtigen Eigenschaften eines Tons festgehalten werden. Die beiden wichtigsten sind:

– die **Tonhöhe**: wie hoch oder tief ein Ton gespielt oder gesungen wird.

– die **Tondauer**: wie lange ein Ton erklingt.

Damit Noten in der richtigen Reihenfolge gelesen werden können, schreibt man sie in ein **Notensystem**, man „notiert" sie. Dieses Notensystem besteht aus fünf Linien und wird von links nach rechts gelesen, genau wie eine Zeile in einem Buch. In einem Notensystem können Noten auf den Linien oder in den Zwischenräumen der Linien stehen.

Der Hals einer Note zeigt nach unten, wenn die Note auf der dritten Linie oder höher steht.

Die **Tonhöhe** lässt sich daran ablesen, auf welcher Linie oder in welchem Zwischenraum eine Note steht:

Die Note auf der obersten Linie klingt am höchsten, die auf der untersten ist der tiefste Ton.
In unserem Beispiel ist also die zweite Note höher als die erste und die dritte, aber tiefer als die vierte.

Um Noten aufzuschreiben, die für das Notensystem zu hoch oder zu tief sind, verwendet man **Hilfslinien**.

Durch sie kann man erkennen, wie weit eine Note über oder unter dem eigentlichen Notensystem liegt.

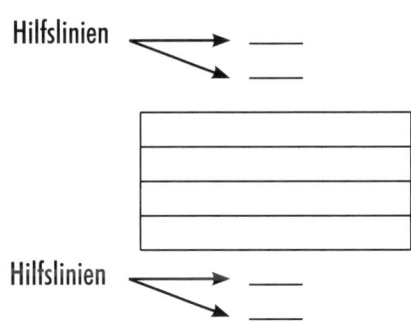

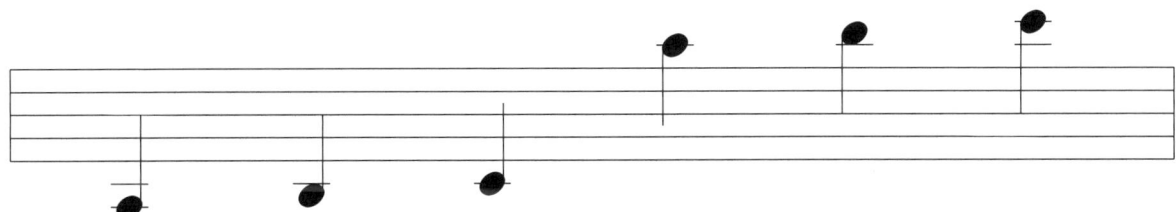

Die Namen der Töne

Jeder Ton, den man spielt, hat einen Namen, der dem Alphabet entstammt. Unser „Noten-Alphabet" hat jedoch nur 7 Buchstaben. Außerdem hat sich (im Vergleich zum „normalen" Alphabet) die Reihenfolge der Buchstaben geändert:

c d e f g a b

Diese sieben Töne sind die **Stammtöne**. Sie entsprechen den weißen Tasten auf dem Keyboard. (Hinweis: Im deutschen Sprachraum wird der Ton b als h bezeichnet)

Damit beim Aufschreiben der Noten keine Missverständisse aufkommen, muss noch definiert werden, welcher Ton auf welcher Linie im Notensystem steht. Diese Aufgabe übernimmt der **Notenschlüssel**. Er steht am Anfang des Notensystems.
Es gibt viele verschiedene Notenschlüssel, in dieser Schule wird jedoch zunächst nur ein Schlüssel verwendet: der **Violin-Schlüssel**.

Violin-Schlüssel

g

Der **Violin-Schlüssel** wird häufig auch **G-Schlüssel** genannt, da er die Position des Tons G anzeigt. Dieser Ton wird auf der zweiten Linie (von unten) notiert. Wenn man genau hinschaut, kann man erkennen, dass sich die innere Spirale des Schlüssels um diese zweite Linie herumdreht.

Die sieben Stammtöne werden nun in der Reihenfolge auf die Linien und Zwischenräume des Notensystems verteilt. Dabei kann man sich am G-Schlüssel orientieren:

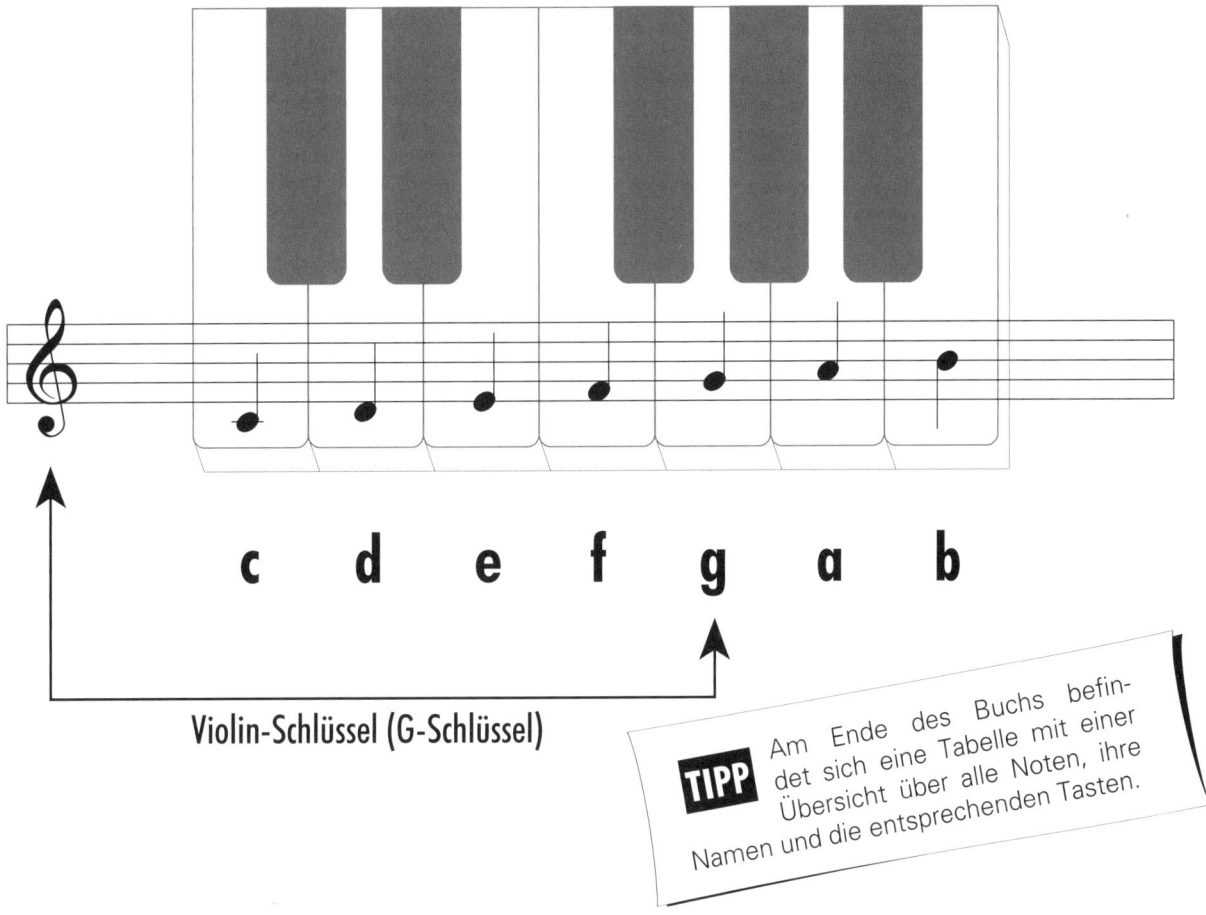

Violin-Schlüssel (G-Schlüssel)

TIPP Am Ende des Buchs befindet sich eine Tabelle mit einer Übersicht über alle Noten, ihre Namen und die entsprechenden Tasten.

Die Stammtonreihe wiederholt sich auf der Tastatur mehrmals. Um diese Wiederholungen voneinander unterscheiden zu können, werden die Notennamen durch Striche näher bezeichnet.
Das Schlüssel-c ist das c' (sprich: eingestrichenes c). Die nächste Wiederholung der Stammtonreihe erhält zwei Striche usw.:

usw. g a b c′ d′ e′ f′ g′ a′ b′ c″ d″ e″ f″ usw.

Wir verwenden in den nächsten Kapiteln nur den grauen Bereich. Er wird auch **eingestrichene Oktave** genannt. Die Noten außerhalb des grauen Bereichs müssen jetzt nicht gelernt werden.

15

Hand- und Armhaltung

Das Keyboard sollte auf einer ebenen Fläche stehen und zwar so hoch, dass die im Ellenbogen fast rechtwinklig gehaltenen Arme ein wenig über der Tastatur schweben.

Ein Klavierhocker oder eine Klavierbank sind auch für Keyboarder die idealen Sitzgelegenheiten, ein normaler Küchenstuhl mit nicht zu weicher Sitzfläche ist aber genauso gut geeignet.

Die Finger sind leicht gekrümmt, so als halte man ganz locker einen Tennisball oder eine Orange fest.

Die Grundstellung für die folgenden Übungen ist folgende: Der Daumen liegt auf dem Schlüssel-C (= c'). Die anderen Finger liegen jeder auf einer der danebenliegenden Tasten:

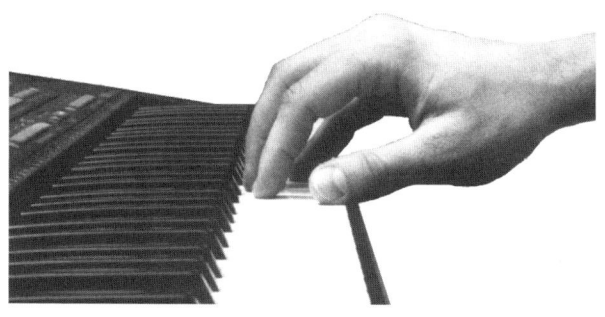

– der Zeigefinger auf d'
– der Mittelfinger auf e'
– der Ringfinger auf f'
– und der kleine Finger auf g'

Für den Anschlag wird der betreffende Finger leicht nach oben gezogen und schnellt wie ein kleiner Hammer auf die Taste herab. Die nicht spielenden Finger bewegen sich möglichst wenig mit. Die Anschlagsbewegung ähnelt ein wenig dem „Auf-dem-Tisch-trommeln" eines nervösen Menschen.

Fingersatz

Der Fingersatz ist ein Hinweis, welcher Finger auf welche Taste „gesetzt" wird.

Dafür werden die Finger der rechten und linken Hand (mit dem Daumen beginnend) durchnumeriert und die entsprechenden Zahlen an die Noten geschrieben. Auf diese Weise kann man sich leicht notieren, welcher Finger welche Taste spielt.

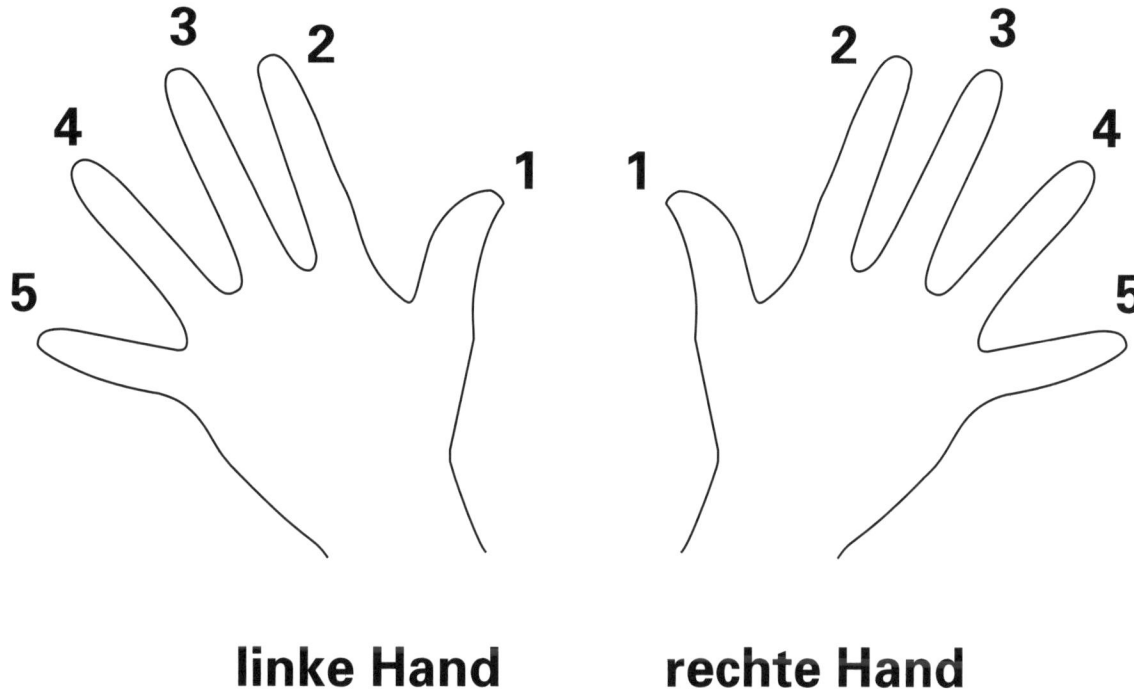

linke Hand   rechte Hand

Um das Notenbild nicht unübersichtlich zu machen, wird ein Fingersatz normalerweise vom Komponisten oder Bearbeiter nur an schwierigen Stellen angegeben.
Die Stücke in dieser Schule wurden großzügig mit Fingersätzen versehen, um dem Anfänger den Einstieg zu erleichtern.

Die ersten Übungen für die rechte Hand

Die folgenden Übungen sollen ein wenig Gefühl für das Keyboard und die eigenen Finger entwickeln helfen. Bei allen Übungen und Stücken in dieser Keyboardschule sollten zwei Grundregeln beachtet werden:

– **Langsam anfangen!** Das Tempo sollte erst bei völliger Beherrschung der Übung in kleinen Schritten gesteigert werden. Wer etwas langsam nicht einwandfrei spielen kann, kann es schnell erst recht nicht!

– **Nicht verzweifeln**, wenn nicht alles auf Anhieb perfekt klappt. Sollten sich bei einer dieser Übungen Verspannungen oder ähnliches bemerkbar machen, ist sofort Pause angesagt!

TIPP Wenn eine der Übungen langweilig werden sollte, kann man als Gegenmaßnahme den eingestellten Klang ändern. Mit einem anderen Klang lässt sich einer Übung oft eine ganz neue Qualität abgewinnen.

Bei den folgenden Übungen bleibt die Hand möglichst ruhig in ihrer „Schwebestellung", ihre Position ändert sich nicht. Nur die Finger bewegen sich, der Anschlag ist leicht und entspannt.

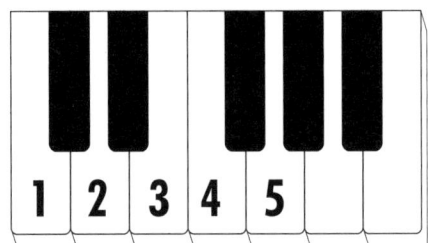

Die Finger liegen auf diesen Tasten.

Die Übungen sollten möglichst gleichmäßig gespielt werden. Alle Töne haben die gleiche Länge. Dazwischen dürfen keine Lücken oder Pausen mehr hörbar sein. Die Töne sollten aber auch nicht überlappen.

Auch die Lautstärke sollte gleichmäßig sein, die Tasten also gleichmäßig angeschlagen werden. Voraussetzung ist natürlich, dass die Tastatur anschlagsdynamisch ist. Mit einem Blick in die Bedienungsanleitung lässt sich das leicht herausfinden. **Anschlagsdynamik** bedeutet, dass der Ton lauter oder leiser klingt, je nachdem, wie stark die Taste angeschlagen wird.

Übung 1

Hier werden die Finger nacheinander bewegt.

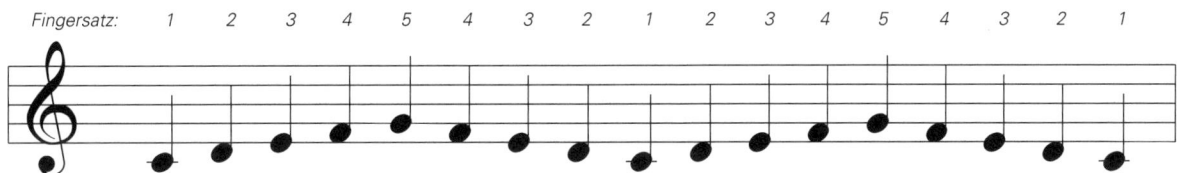

Übung 2

Diese Übung ist schon ein wenig schwieriger, da die Finger nicht einfach der Reihe nach anschlagen. Es sollten nur die Finger bewegt werden, die tatsächlich anschlagen müssen.

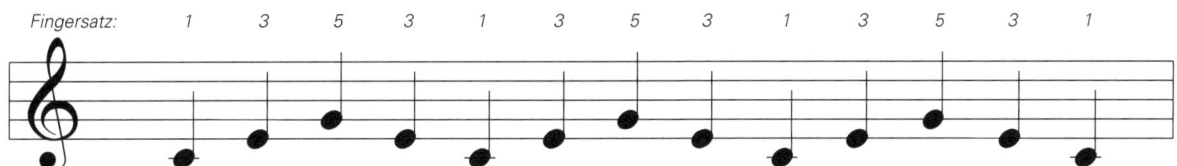

Übung 3

Hier werden die Aufgaben aus den Übungen 1 und 2 kombiniert. Diese sollten deshalb flüssig und gleichmäßig beherrscht werden, bevor man mit Übung 3 beginnt.
Diese Übung ist zwei Zeilen lang, genau wie ein Satz in einem Buch über zwei Zeilen gehen kann. Hat man das Ende der ersten Zeile erreicht, geht man ohne Pause in die zweite Zeile und spielt dort weiter.

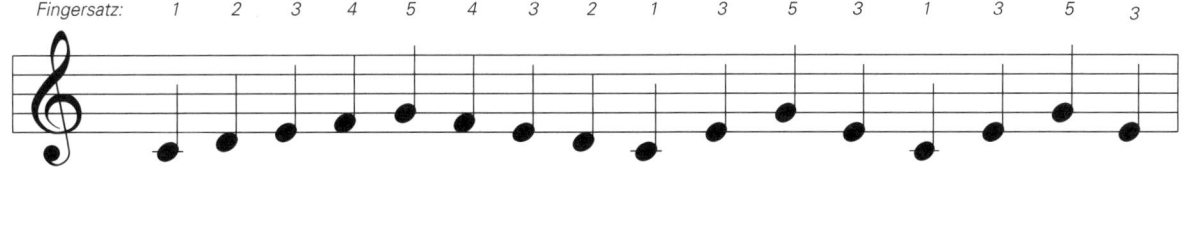

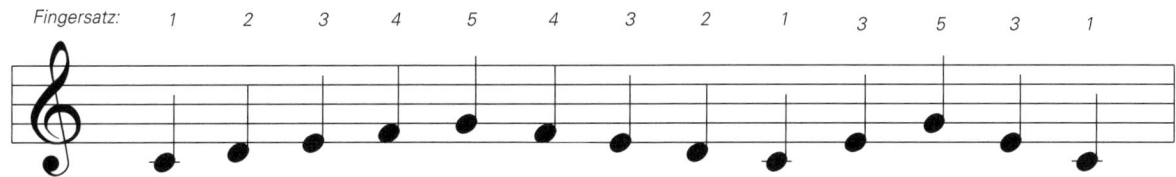

1

4/4-Takt und Viertelnoten

Der 4/4-Takt

Der Takt ist die rhythmische Grundlage unserer Musik. Gemeint ist damit der durchgehende Grundschlag eines Musikstücks. Das Wort „Takt" hat in der Musik aber noch eine andere Bedeutung, nämlich das Zusammenfassen mehrerer Schläge zu einer größeren Einheit.

Die einfachste Möglichkeit besteht darin, vier Schläge in einem Takt zusammenzufassen, oder anders gesagt: einen Takt in vier Viertel zu teilen. Man kann das auf einfache Weise ausprobieren, indem man laut die Schläge durchzählt und dabei den jeweils ersten Schlag ein wenig betont:

1 2 3 4 1 2 3 4 1 2 3 4 1 2 3 4 1 2 3 4   usw.

Diese **Taktart** heißt dementsprechend auch **4/4-Takt** (gesprochen „Vier-Viertel-Takt"). Die Taktart wird am Anfang eines Musikstückes direkt hinter dem Notenschlüssel angegeben. Der 4/4-Takt ist die häufigste Taktart. Er wird oft statt mit 4/4 auch mit dem Zeichen „c" bezeichnet. Im Notensystem werden die einzelnen Takte durch senkrechte **Taktstriche** gekennzeichnet.

Das Ende eines Musikstücks wird durch den **Schluss-strich** angezeigt. Er besteht eigentlich aus zwei Taktstrichen: einem dünnen gefolgt von einem dickeren.

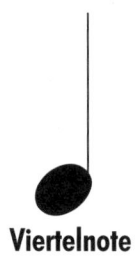

Viertelnoten

In einen 4/4-Takt passen 4 Viertelnoten, es erklingen vier gleichlange Töne. Die tatsächliche Länge der Töne ist aber relativ, sie hängt davon ab, wie schnell das Musikstück gespielt wird.

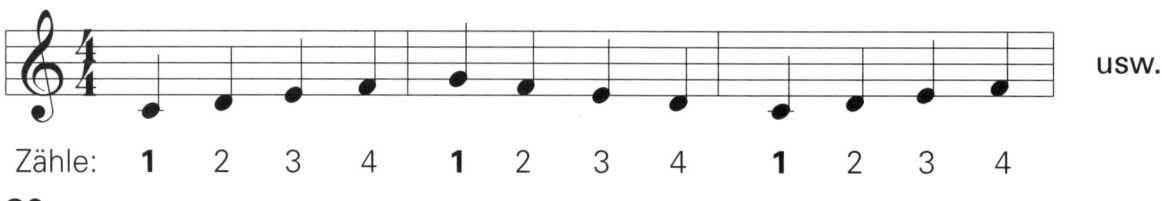

Das Tempo für alle **Übungen** in dieser Schule ist ♩ = 80. Das bedeutet, man spielt 80 Schläge pro Minute, in diesem Fall sind das 80 Viertelnoten. In der Pop- und Rockmusik verwendet man oft die Maßeinheit bpm, was nichts anderes als **b**eats **p**er **m**inute (Schläge pro Minute) bedeutet. 80 bpm bedeutet also das gleiche wie ♩ = 80.

Es ist für alle Übungen und Stücke eine große Hilfe, wenn man gleichzeitig ein Metronom mitlaufen lässt. Es spielt keine Rolle, ob man ein mechanisches Metronom oder ein elektronisches verwendet. Das Metronom wird auf das jeweilige Tempo eingestellt. Viele Keyboards haben bereits ein Metronom eingebaut.

Die folgenden Übungen haben die gleichen Tonfolgen wie die Übungen auf Seite 18/19. Aber Achtung: Dort war das Ziel, alle Töne gleich laut zu spielen. Hier wird der Ton auf der 1. Zählzeit etwas betont, da die Noten im 4/4-Takt stehen. Es sollte unbedingt laut mitgezählt werden.

Übung 1

Diese Übung sollte nicht nur einmal gespielt, sondern ohne Pause etwa drei- bis fünfmal wiederholt werden.

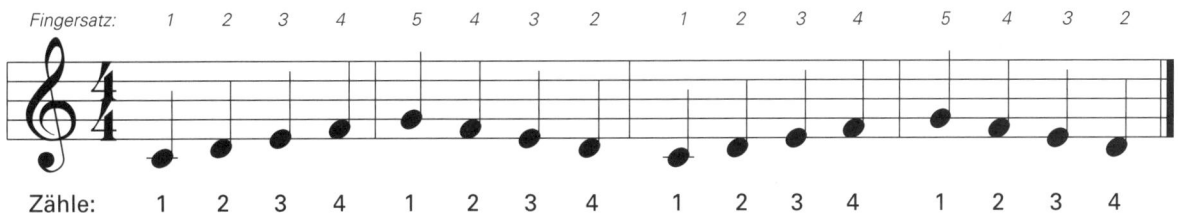

Übung 2

Übung 3

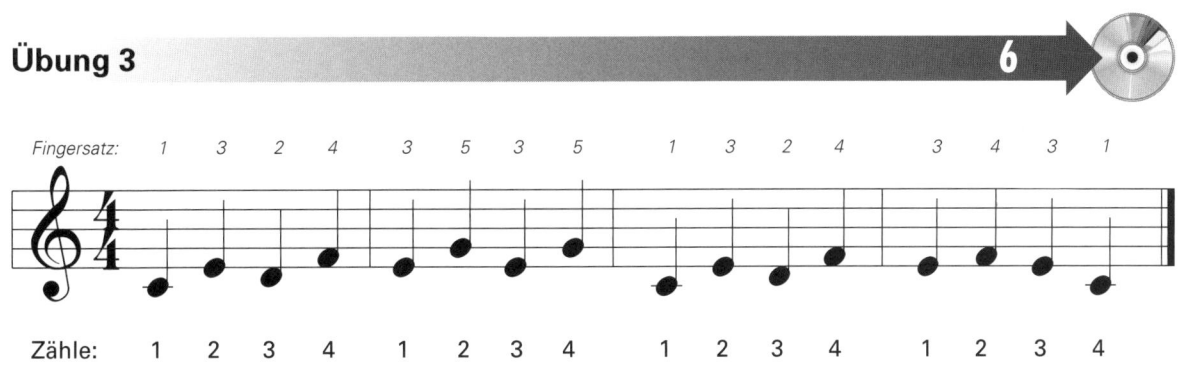

Vorbereitungen für den ersten Song:

1. Keyboard einschalten und Klang aussuchen.

2. Wer sich den Fingersatz in diesem Stück etwas genauer anschaut, wird sehen, dass jeder Ton, bzw. jede Taste immer von dem gleichen Finger gespielt wird. Das bedeutet, die Position der Hand braucht während des gesamten Stücks nicht geändert zu werden. Also: Der Daumen wird auf das c' gelegt, die anderen Finger auf die benachbarten weißen Tasten, so dass der kleine Finger auf der g'-Taste liegt.

Fingersatz

3. Beim Spielen bitte genau auf den Fingersatz und auf die Zählweise achten.

Theme From Mr. X

SOUND	Rock Organ
TEMPO	♩ = 120

Musik: Bessler/Opgenoorth
© 1995 Voggenreiter Verlag, Bonn

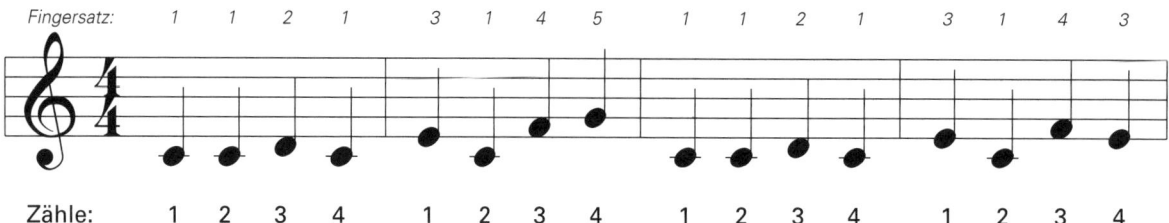

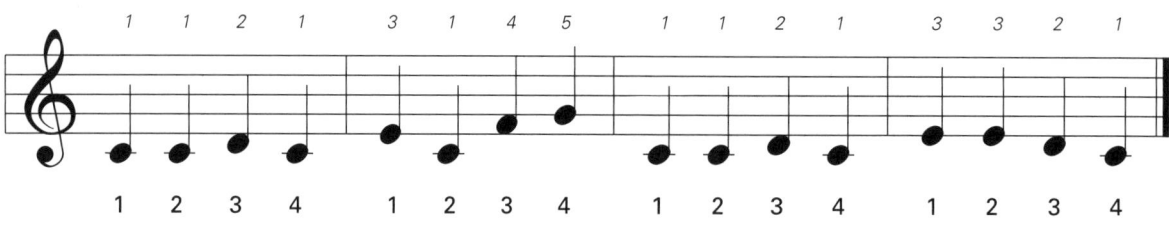

TEST 1

1. Wie heißen die Stammtöne (in der richtigen Reihenfolge)?

    C __ __ __ __ __ __ __

2. Welche Grundeigenschaften eines Tons werden mit
    Noten aufgeschrieben?

    a:

    b:

3. Wieviele Linien hat ein Notensystem?

4. Wofür braucht man Hilfslinien?

5. Wann zeigt der Hals einer Note nach unten?

6. Wie sieht ein Schluss-Strich aus?

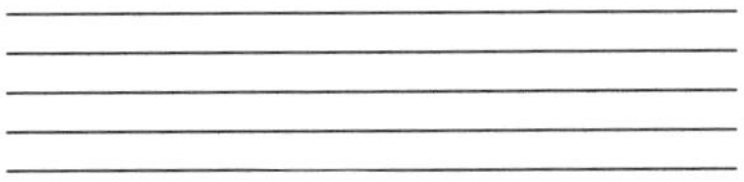

Schluss-Strich

2 Die halbe Note

Im nächsten Musikstück kommt bereits ein neuer Notenwert vor: die **halbe Note**. Sie besteht aus einem nicht ausgefüllten Kopf und einem Hals.

halbe Note

Die halbe Note ist genau doppelt so
lang wie die Viertelnote, d. h. zwei
Viertelnoten ergeben zusammen eine
halbe Note. In einen 4/4-Takt passen
also zwei halbe Noten.

Auch wenn Viertelnoten und halbe Noten zusammen in einem Stück auftau-
chen, ändert sich die Zählweise nicht. In einem Vier**viertel**-Takt werden die Viertel gezählt, also: 1 2 3 4. Bei einer halben Note wird die Taste einfach eine Zählzeit länger gedrückt, so dass der Ton 2 Zählzeiten lang erklingt:

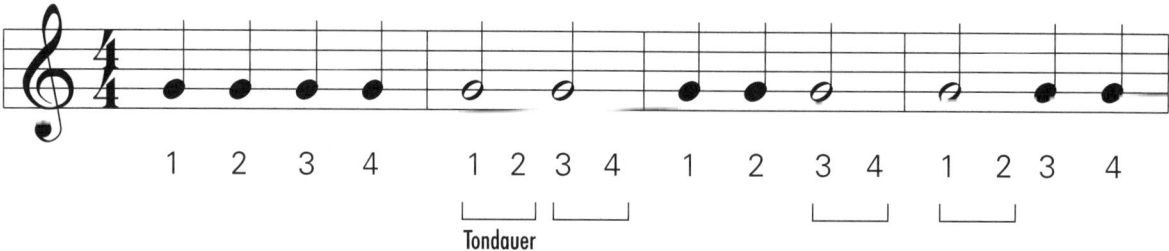

Bei den folgenden **Übungen** sollte man darauf achten, dass die halbe Note auch
wirklich zwei Zählzeiten dauert und die Taste nicht zu früh losgelassen wird.
Für den Anfang ist es hilfreich, wenn man während der Übungen laut mitzählt.

Übung 1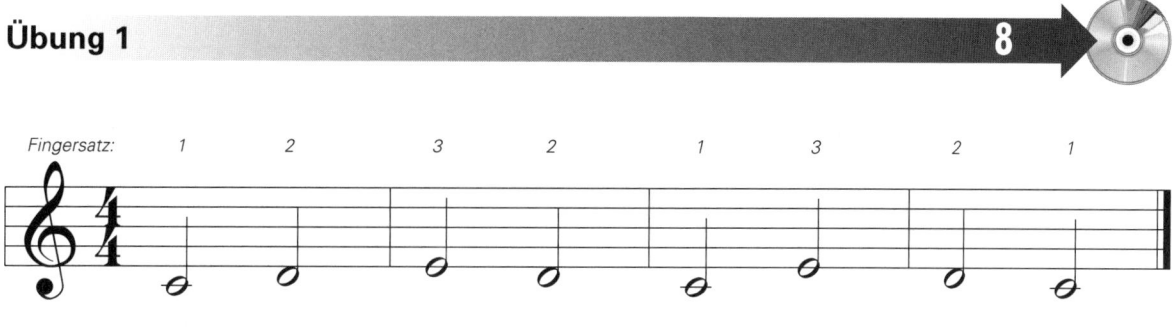

Übung 2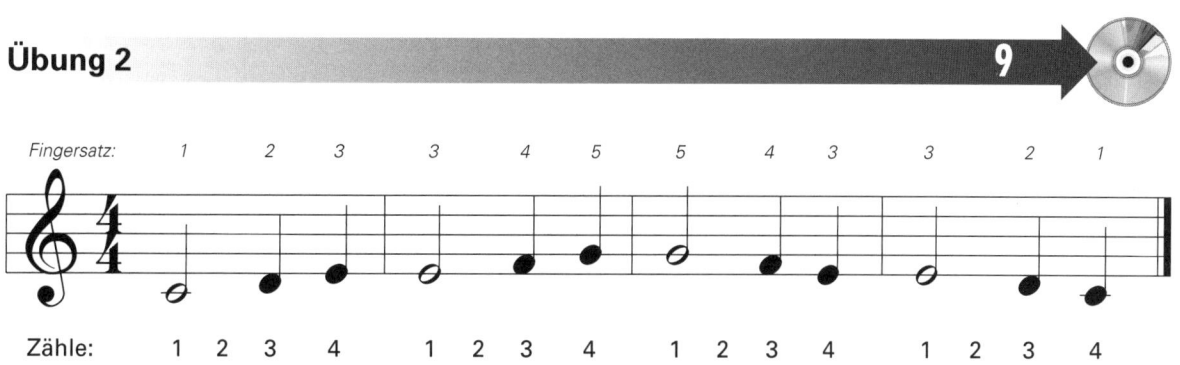

Übung 3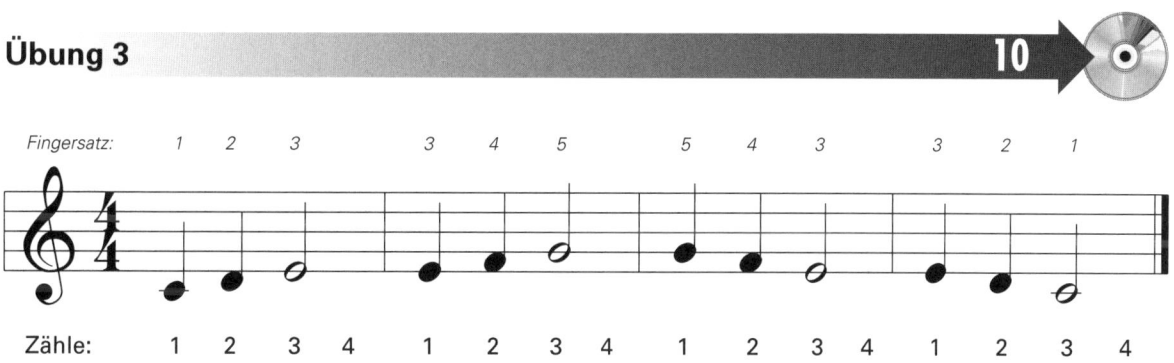

Übung 4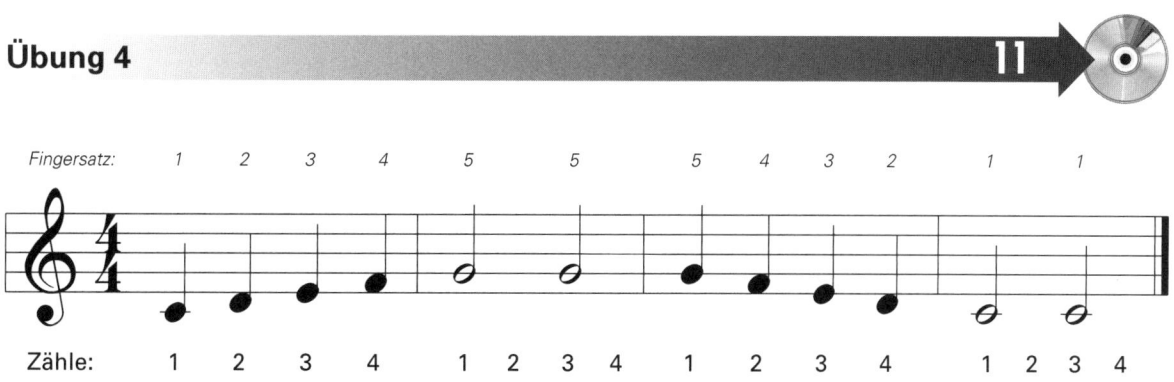

Ode an die Freude

Diese Melodie kennt wohl jeder: Ob aus dem Konzertsaal oder aus der Werbung, die berühmte „Ode an die Freude" ist eine der bekanntesten „klassischen" Melodien. Sie stammt aus dem 4. Satz der 9. Sinfonie von Ludwig van Beethoven (1770-1828).

SOUND	Strings
TEMPO	♩ = 120

Musik: Ludwig van Beethoven
Bearbeitung: Bessler/Opgenoorth
© Voggenreiter Verlag, Bonn

Trällerliedchen

Dieses Stück stammt aus dem „Album für die Jugend" von Robert Schumann (1810-1856), einer Sammlung wunderschöner kleiner Klavierstücke, die Schumann 1848 für jüngere und ältere Pianisten komponiert hat.

SOUND	Piano
TEMPO	♩ = 120

Musik: Robert Schumann
Bearbeitung: Bessler/Opgenoorth
© Voggenreiter Verlag, Bonn

3 Die Begleitautomatik

Von diesem Kapitel an werden die Musikstücke mit Begleitautomatik gespielt. Da diese Automatik bei verschiedenen Herstellern unterschiedlich bedient und bezeichnet wird, sollte sich jeder zuerst einmal die Bedienungsanleitung seines Keyboards vornehmen und folgende Grundfunktionen nachschauen:

- Einstellung der Begleitautomatik

    a) „Fingered Chord"   Diese Einstellung bedeutet, dass die linke Hand vollständige Akkorde greift, also mindestens drei Töne gleichzeitig.

    b) „Single Finger Chord"   In diesem Modus greift die linke Hand nur einen oder zwei Töne.

    Wir verwenden in dieser Schule den „Fingered Chord"-Modus. Wer im vereinfachten „Single Finger"-Modus spielen möchte, kann die Tafel am Ende des Buchs ausklappen und die entsprechenden Akkordgriffe verwenden.

- Wahl eines **Begleitstils**.

- **Start/Stop** der Begleitautomatik.

- **Sync.-Start/Stop**: Mit dieser Einstellung beginnt die Begleitautomatik erst, wenn der erste Akkord der Begleitung gespielt wird.

- **Tempo**: Einstellung für das Tempo der Begleitautomatik. Es wird meist in bpm (beats per minute) angegeben.

Für die beiden Hände gilt folgende Arbeitsteilung:

rechte Hand: Diese Hand spielt die Melodie eines Songs.

linke Hand: Diese Hand spielt die Begleitung zu der Melodie.
Die Begleitung besteht in diesem Fall aus **Akkorden**, die in der linken Hand gegriffen werden. Als **Akkord** bezeichnet man das gleichzeitige Erklingen von drei oder mehr Tönen.
Alles weitere übernimmt die Begleit-Automatik, die anhand dieser Akkorde eine passende Begleitung mit verschiedenen Hintergrundstimmen und Schlagzeug erstellt.

Die Namen der Akkorde

Damit der Spieler weiß, welche Akkorde zu einer Melodie passen, werden die Akkordnamen als kurze Symbole aus Buchstaben und Zahlen über den entsprechenden Takten angegeben. Diese Symbolschrift stammt ursprünglich aus dem Jazz, hat sich aber inzwischen in der gesamten Pop- und Unterhaltungsmusik durchgesetzt.
Wir werden diese Symbole bei den jeweiligen Stücken einführen.

Die Akkordgriffbilder

Zusätzlich zu den Akkordsymbolen sind für die jeweiligen Akkorde Griffbilder über den Noten abgebildet, die in grafischer Form ganz genau zeigen, welche Tasten gespielt werden sollen. Diese Griffbilder sind nichts anderes, als der Ausschnitt aus der gesamten Tastatur, der für die Begleitautomatik vorgesehen ist. Die Zahlen über dem Tastaturbild geben den Fingersatz an.

Die ersten beiden Akkorde sind der C-Dur- und der G-Dur-Akkord. Ihre Namen werden in der Symbolschrift auf C und G verkürzt. Ihre Griffbilder sehen so aus:

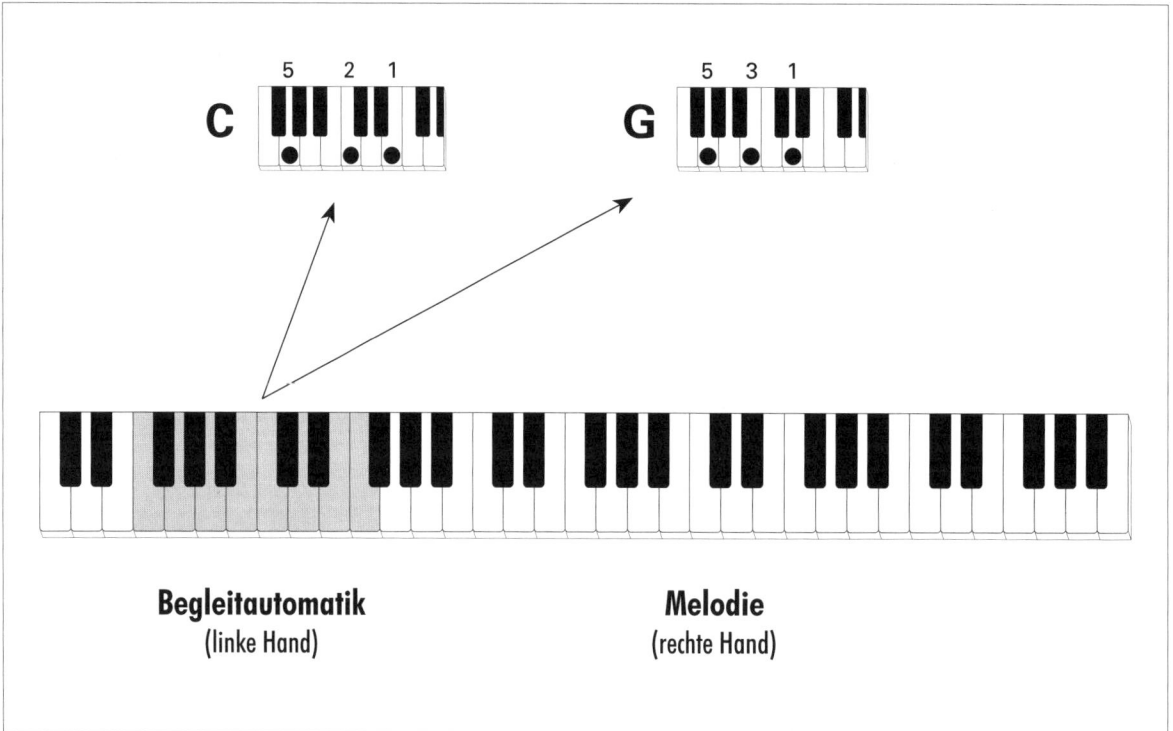

Begleitautomatik (linke Hand)   **Melodie** (rechte Hand)

Die Tasten links von dem grau markierten Tastaturabschnitt können auch noch für die Begleitautomatik benutzt werden. Sie sind aber nicht nötig, da mit dem grauen Bereich alle Akkorde in dieser Schule gegriffen werden können.

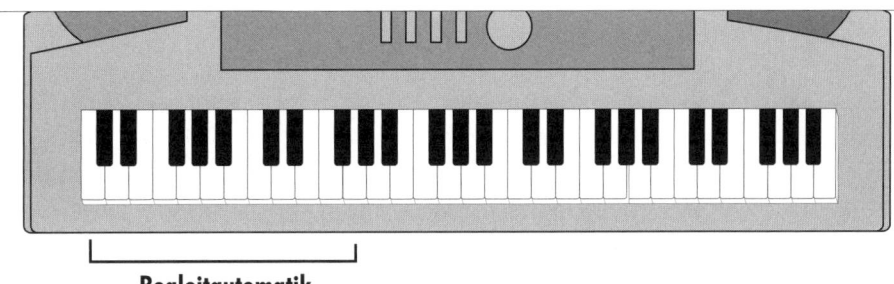

Begleitautomatik

Diese Tasten werden von den meisten Herstellern der Begleitautomatik zugewiesen. Bei einigen Keyboards kann man diese Vorgabe auch ändern.

! Zur Erinnerung: Wir verwenden für die Begleitautomatik den „Fingered Chord"-Modus. Wer die einfachen „Single Finger"-Akkordgriffe verwenden möchte, kann dazu die Ausklapptabelle am Ende des Buchs verwenden.
Es gibt allerdings zwei Systeme in diesem Modus. Das eine wird von Yamaha, Technics und JVC verwendet, das andere von Casio, Hohner und Antonelli. Beide sind in der Tabelle aufgeführt.

Auf der nächsten Seite beginnen die ersten **Übungen** mit Begleitautomatik. Dafür sind folgende Vorbereitungen nötig:

1. Begleitautomatik einstellen, d. h.:
   – Style wählen.
     Wir haben alle Akkord-Übungen in dieser Schule mit dem gleichen Style eingespielt. Style bedeutet nichts anderes als Begleitrhythmus.

STYLE	Pop Ballad
TEMPO	$\downarrow$ = 80

   – Begleitmodus einstellen, entweder „Fingered Chord" oder „Single Finger Chord".
     (Diese Funktionen können je nach Hersteller unterschiedliche Bezeichnungen haben.)

2. Tempo auf $\downarrow$ = 80 bzw. 80 bpm einstellen.

3. Vor Beginn der Übung Rhythmus starten. Die Hintergrundbegleitung kommt dann hinzu, sobald der erste Begleitakkord gegriffen wird.

Bei allen Übungen für die Begleitautomatik spielt nur die linke Hand.

Dort, wo ein Akkordsymbol über einer Zählzeit steht, wird der entsprechende Akkord für die Begleitautomatik **nur kurz angetippt**. Die Automatik spielt dann diesen Akkord weiter, bis der nächste Akkord gegriffen wird.

Es sollte aber unbedingt darauf geachtet werden, dass die Töne in der linken Hand gleichzeitig angeschlagen werden.

TIPP Wer diese Übungen sicher beherrscht, kann vor Beginn die Funktion „Sync-Start" einstellen. Dann beginnt die Begleitautomatik mit dem ersten gegriffenen Akkord der linken Hand.

Übung 1   14

Hier muss jeweils auf der „1" (= auf der ersten Zählzeit eines Taktes) der Akkord für die Begleitautomatik gegriffen werden.
Auch hier gilt: nach dem 4. Takt wieder vorne anfangen.

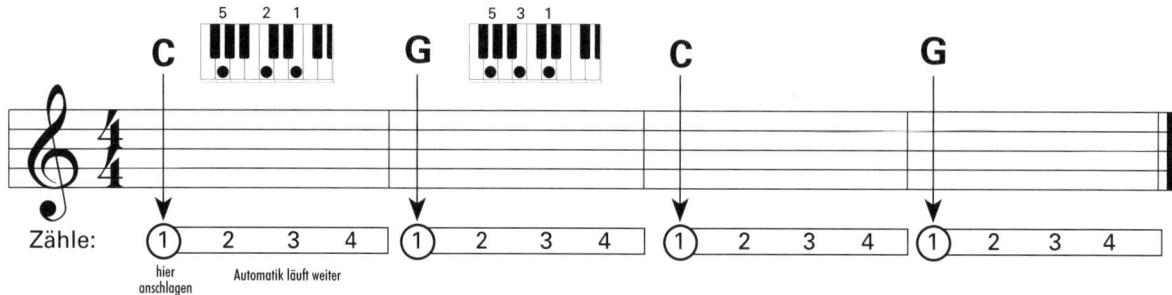

Übung 2   15

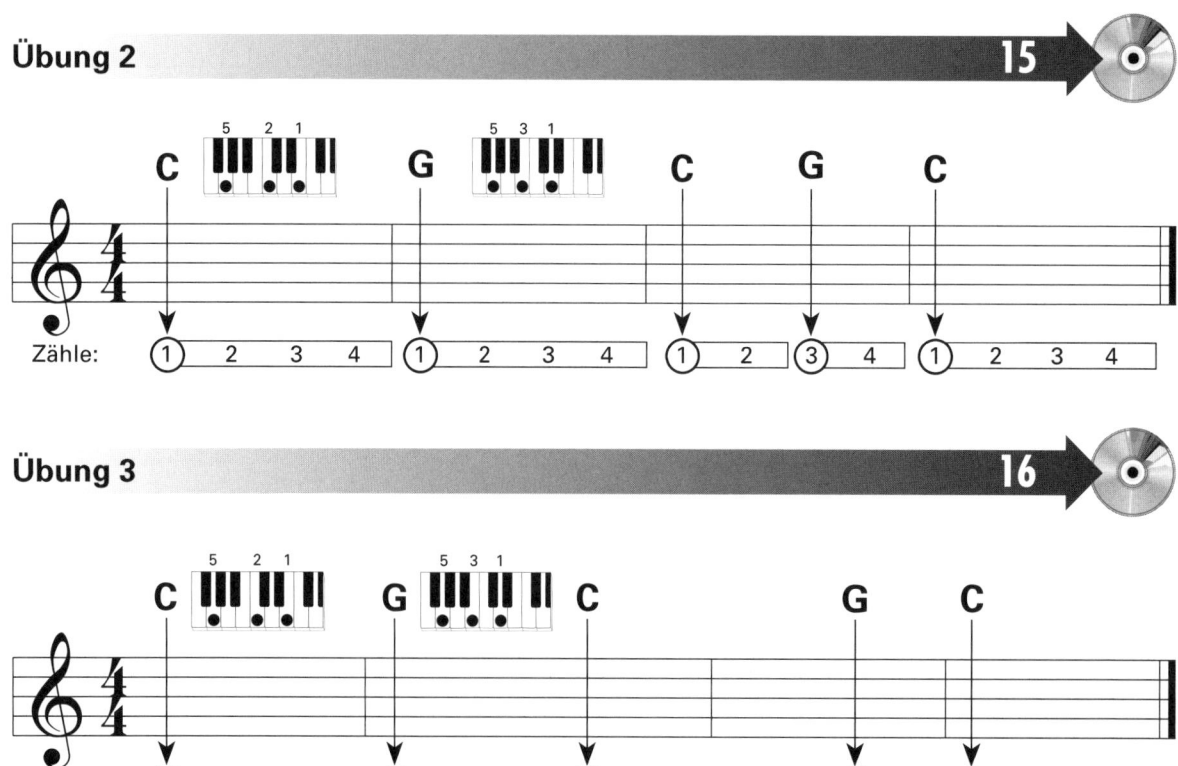

Übung 3   16

30

Poor Little Paddy

Nicht nur dieser, sondern alle Songs in diesem Buch sollten nach folgendem Schema geübt und gelernt werden:
1. Die Melodie mit der rechten Hand allein.
2. Die Begleitung mit der linken Hand (mit „Fingered Chord"-Begleitung und Rhythmus).
3. Melodie und Begleitung zusammen. Allmählich das Tempo steigern.

SOUND	Rock Organ
STYLE	Funk
TEMPO	♩ = 100

Musik: Bessler/Opgenoorth
© 1995 Voggenreiter Verlag, Bonn

TEST 2

1. Wie sieht eine halbe Note aus?

2. Wieviele Zählzeiten dauert eine halbe Note im 4/4-Takt?

3. Wieviele Viertelnoten entsprechen der Länge einer halben Note?

4. Wie sehen die Akkordgriffe für die Begleitautomatik im „Fingered Chord"-Modus bei folgenden Akkorden aus? Welche Finger werden verwendet?

C   G

Die Viertelpause und die halbe Pause

Ein Redner, der seine Worte und Sätze ununterbrochen aneinanderreiht, wird ziemlich schnell langweilig.

Genauso ist es in der Musik: Pausen können ein Musikstück interessanter und abwechslungsreicher gestalten, aber auch musikalische Zusammenhänge besonders hervorheben.

In der Notenschrift gibt es zu jedem Notenwert ein entsprechendes Pausenzeichen. Dieses Zeichen gibt an, dass für die entsprechende Notendauer nichts gespielt, also „pausiert" wird.

Für die bisher gelernten Notenwerte sind dies die entsprechenden Pausen:

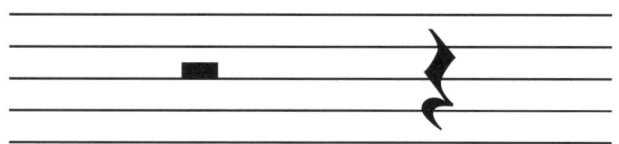

halbe Pause   **Viertelpause**

Auch hier gilt: Die Zählzeiten (1 2 3 4) werden gleichmäßig durchgezählt. Dabei ist es egal, ob man einen Ton neu anschlägt, einen Ton länger klingen lässt oder eine Pause „spielt".

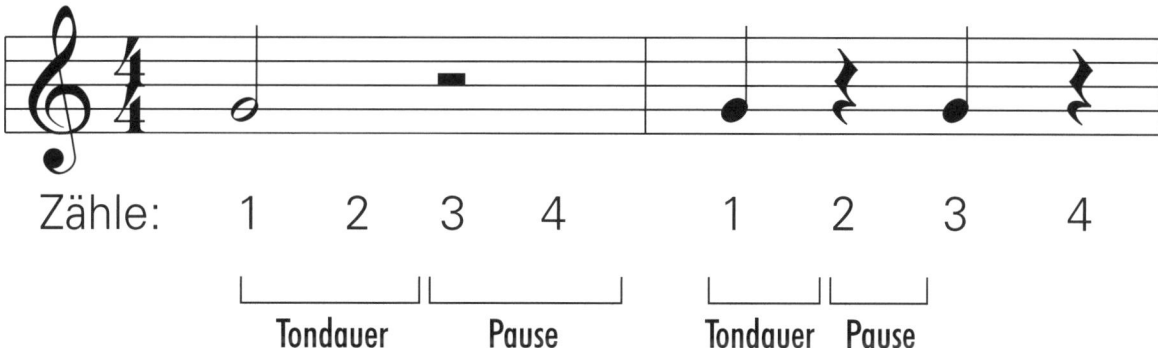

Für die **Übungen** auf der nächsten Seite sind zwei Dinge besonders wichtig:

- Bitte durchgehend laut mitzählen.
- Die Pausen genau einhalten, die Töne davor nicht zu lange klingen lassen.

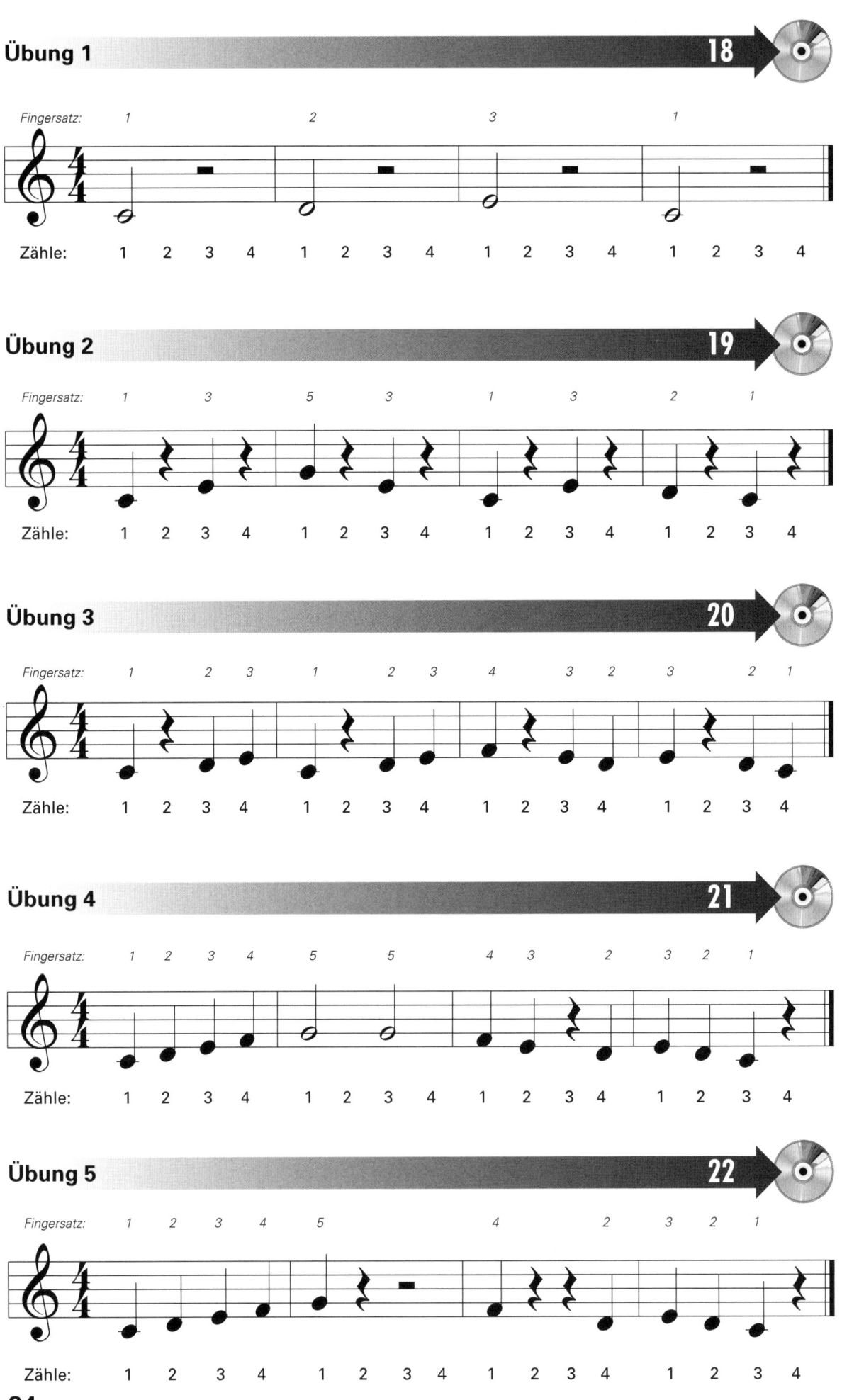

Übung 1   18

Übung 2   19

Übung 3   20

Übung 4   21

Übung 5   22

Have A Break

Das folgende Stück soll mit den halben Pausen und den Viertelpausen vertraut machen. Man neigt sehr leicht dazu, Pausen zu verkürzen, deshalb unbedingt mitzählen!

SOUND	Strings
STYLE	Pop Ballad
TEMPO	♩ = 80

Musik: Bessler/Opgenoorth
© 1995 Voggenreiter Verlag, Bonn

Musik: Bessler/Opgenoorth
© 1995 Voggenreiter Verlag, Bonn

 **Achtelnote und Achtelpause**

Die Achtelnote

Die Achtelnote hat einen ausgefüllten Kopf und einen Notenhals mit einem „Fähnchen" am Ende des Halses. Folgen mehrere Achtelnoten aufeinander, können sie mit einem Balken verbunden werden.

Die Achtelnote entsteht durch die Zweiteilung der Viertelnote, eine Achtelnote ist also genau halb so lang wie eine Viertelnote. In einen 4/4-Takt passen daher vier Viertelnoten oder acht Achtelnoten.
Gezählt werden weiterhin die **Hauptzählzeiten** (1 2 3 4). Die Achtelnoten zwischen diesen Hauptzählzeiten zählt man am besten mit einem „und":

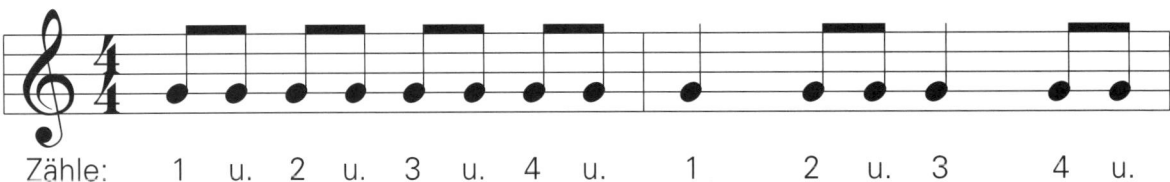

Zähle: 1 u. 2 u. 3 u. 4 u.   1   2 u. 3   4 u.

Die Achtelpause

Genauso wie für die Halbe und die Viertelnote gibt es auch für die Achtelnote eine Pause von genau gleicher Länge, die Achtelpause. Hier ist eine Achtelpause notiert:

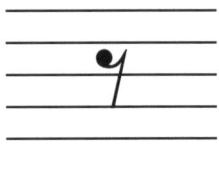

Achtelpause

In der folgenden Übung kommen Achtel- und Viertelnoten vor. Zur besseren Orientierung steht die Zählweise unter den Noten.

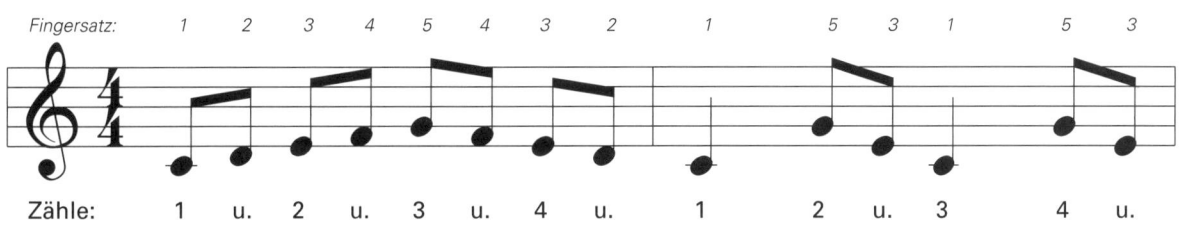

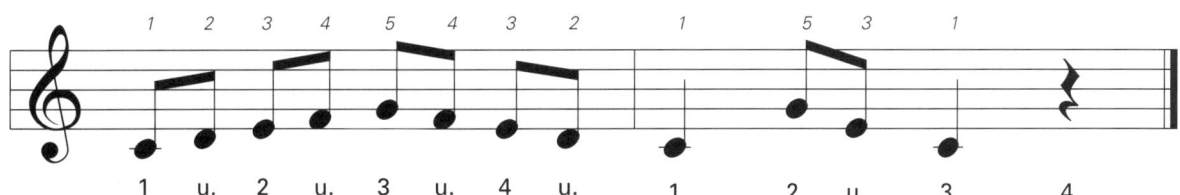

Diese Übung bringt auch noch die Achtelpause mit ins Spiel. Hier sollte Zählen wirklich oberstes Gebot sein, denn gerade bei Pausen schleichen sich gerne Fehler ein.

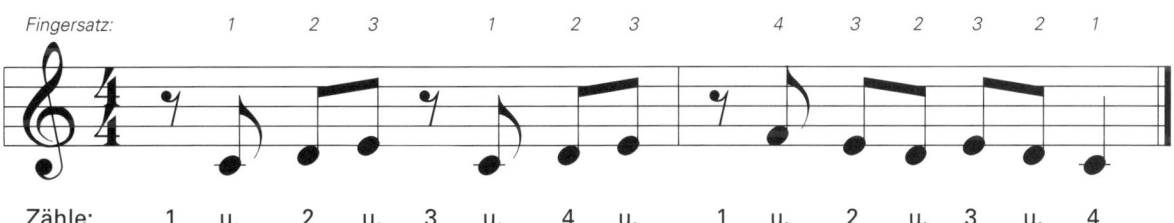

Diese Übung klingt ähnlich wie die vorhergehende. Die Pausen liegen jedoch etwas anders.

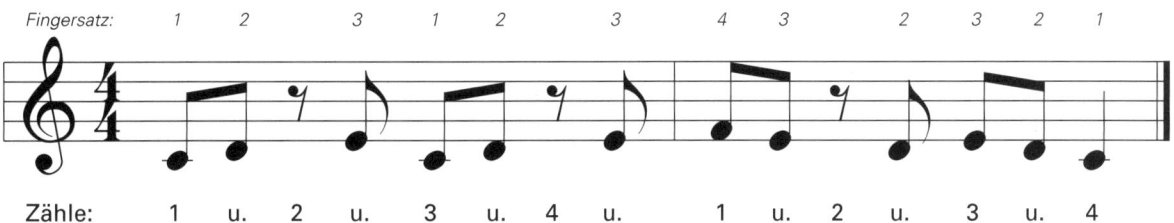

Classic Pop

Nicht erst seit Rondo Veneziano ist Klassikpop wieder „in": Schon immer haben
Musiker und Komponisten versucht, Klassik und Popmusik zu verbinden.
Die Fingersätze sind nicht schwer, sie sollten aber trotzdem beachtet werden.

SOUND	Harpsichord
STYLE	Pop Ballad, Classic Ballad
TEMPO	♩ = 80

Musik: Bessler/Opgenoorth
© 1995 Voggenreiter Verlag, Bonn

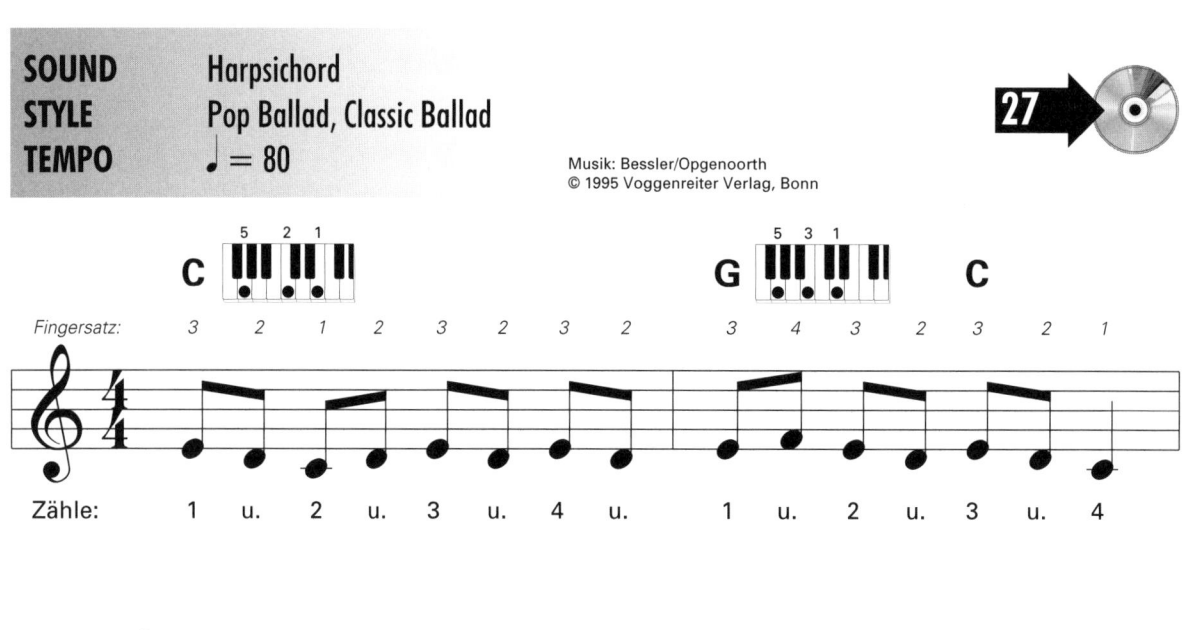

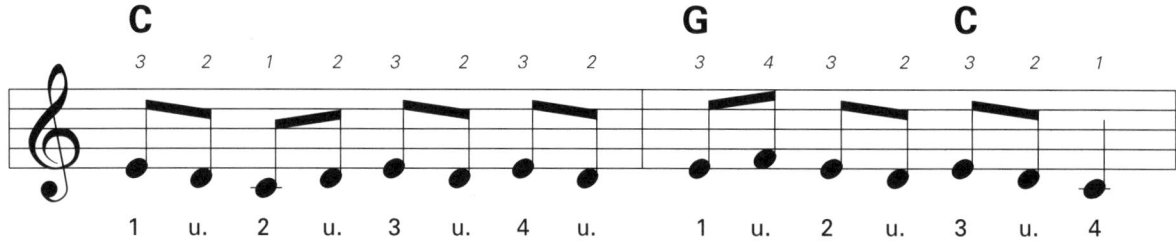

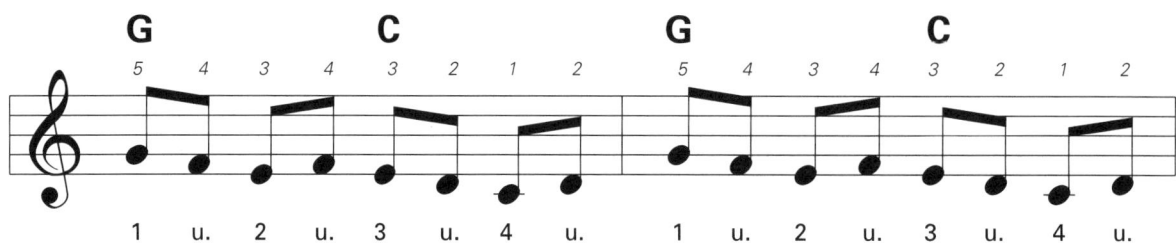

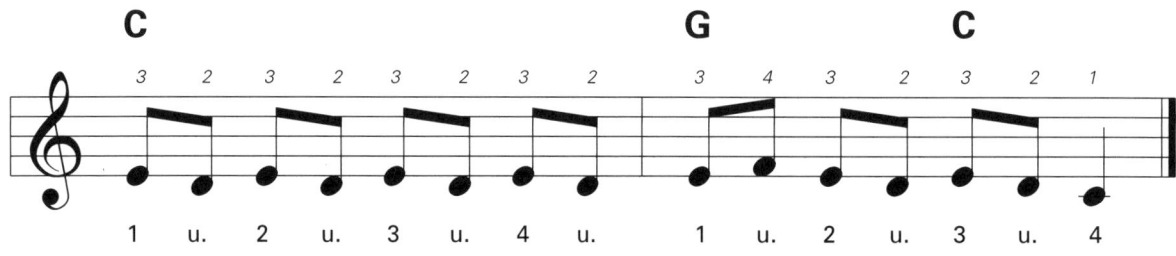

1. Wie heißen diese Pausen?

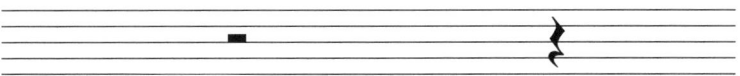

....

2. Wieviele Viertelpausen haben zusammen die gleiche Länge wie eine halbe Pause?

3. Wieviele Achtelnoten passen in einen 4/4-Takt?

4. Wieviele Achtelnoten haben zusammen die gleiche Länge wie eine Viertelpause?

5. Schreibe die Zählweise an das folgende Notenbeispiel!

– – – – – – – – – – – –

6 Viertel- und Achtelnoten mit Pausen

In diesem Kapitel kommt keine neue Theorie hinzu. Hier werden stattdessen alle bisher gelernten Notenwerte und Pausen kombiniert.
Mit dem Song sollte man erst beginnen, wenn die Übungen sicher beherrscht werden. Langsames Üben und sorgfältiges Zählen sind sehr wichtig.

Übung 1   28

Übung 2   29

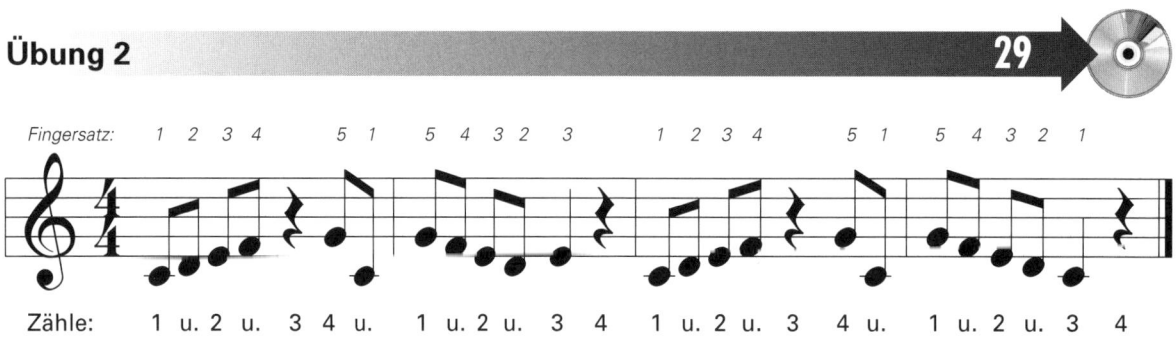

Übung 3   30

Do You Remember?

Die rechte Hand sollte erst einmal einzeln geübt werden. Dabei sind besonders die Achtelnoten zu beachten. Diese müssen (zum Beispiel im ersten Takt) flüssig und gleichmäßig sein.

SOUND	Clean Guitar
STYLE	Dance Shuffle
TEMPO	♩ = 80

Musik: Bessler/Opgenoorth
© 1995 Voggenreiter Verlag, Bonn

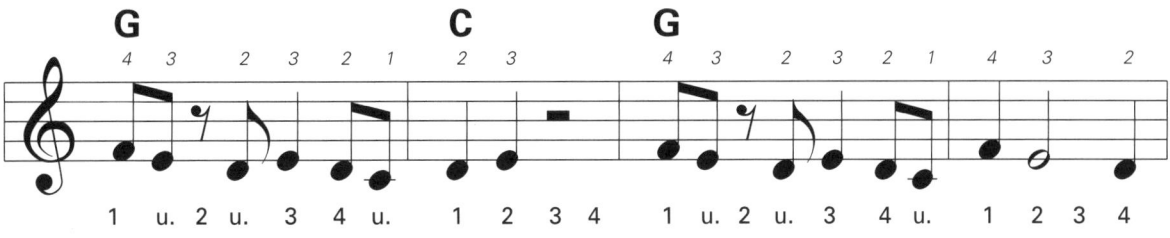

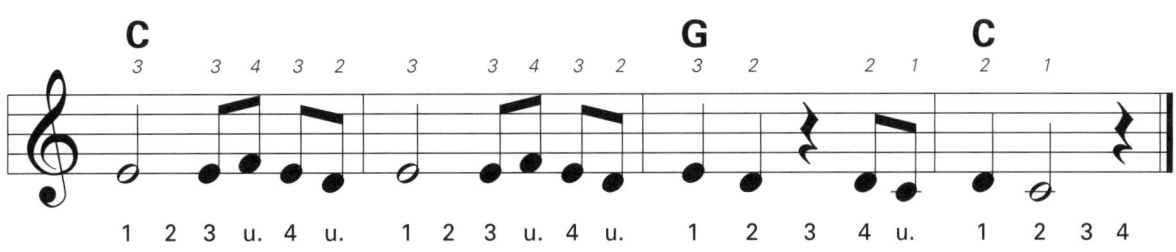

41

7 Die ganze Note und die ganze Pause

Die ganze Note ist der größte heutzutage verwendete Notenwert. Sie hat eine Dauer von 4 Zählzeiten, füllt also einen ganzen Takt. Die ganze Note entspricht in der Länge zwei halben Noten oder vier Viertelnoten oder acht Achtelnoten.

Die ganze Note hat keinen Notenhals. Der Notenkopf ist nicht ausgefüllt, ähnlich wie bei der halben Note.

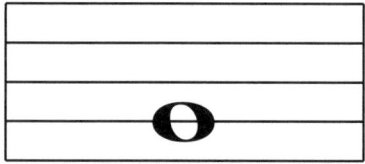

ganze Note

Die ganze Note wird so gezählt:

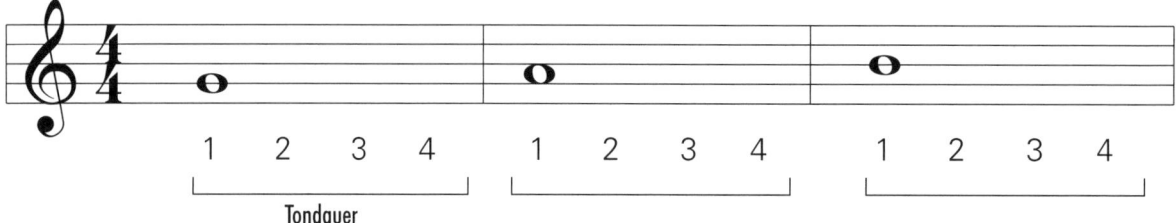

Auch zur ganzen Note gibt es ein entsprechendes Pausenzeichen:

! Vorsicht: Man kann die ganze Pause leicht mit der halben Pause verwechseln!

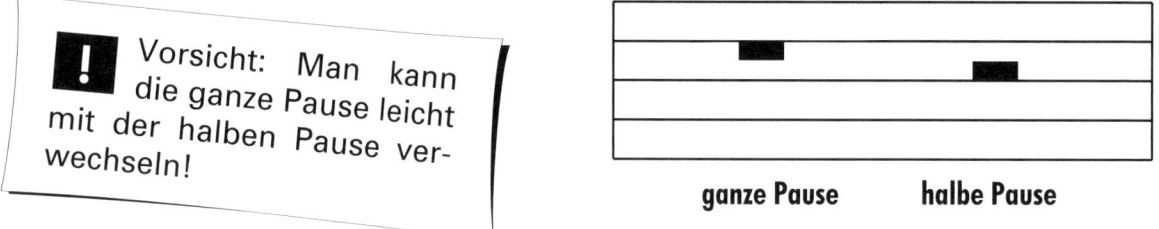

ganze Pause   **halbe Pause**

Eine genaue Übersicht über alle Notenwerte befindet sich am Ende dieses Buchs.

Eine **Übung**, die nur aus ganzen Noten besteht, wäre ziemlich langweilig. Deshalb ist die ganze Note in den folgenden Übungen auch mit anderen Notenwerten kombiniert.
Technische Probleme dürften bei der ganzen Note wohl nicht auftreten, nur eines sollte man bei diesen Übungen haben: Geduld, denn eine ganze Note dauert wirklich einen ganzen Takt lang, und vier Zählzeiten können ziemlich lang werden ...

Übung 1 32

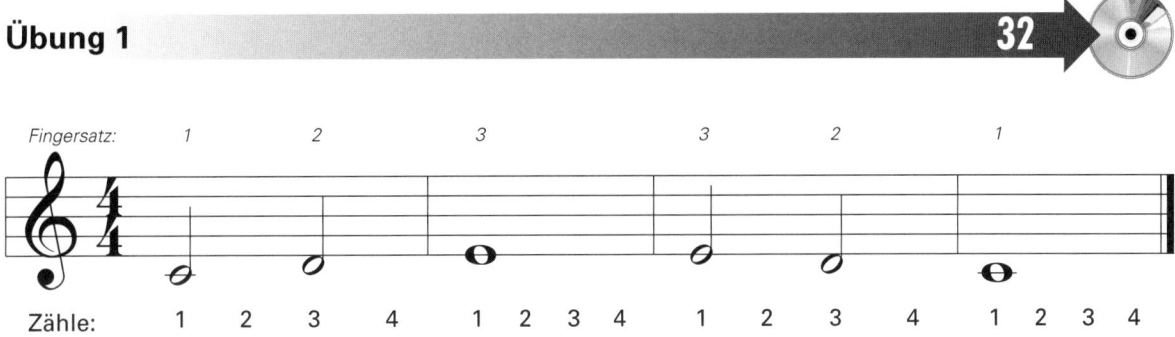

Übung 2 33

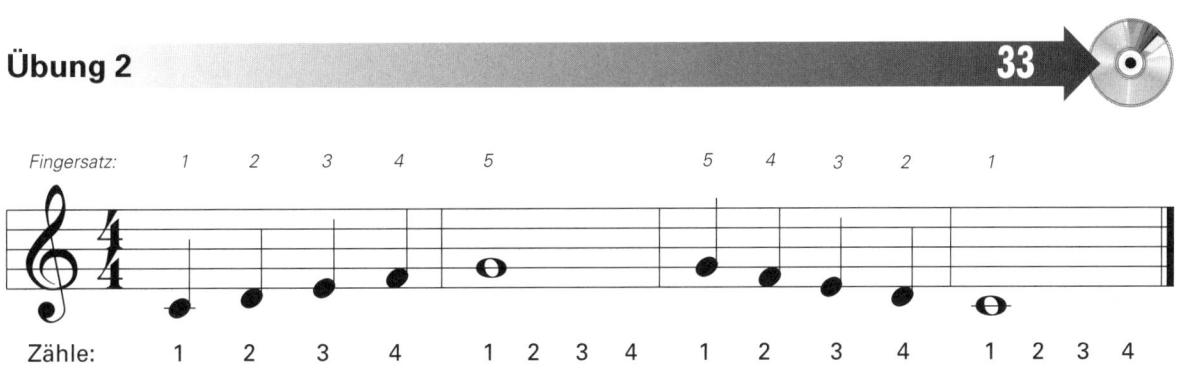

Übung 3 34

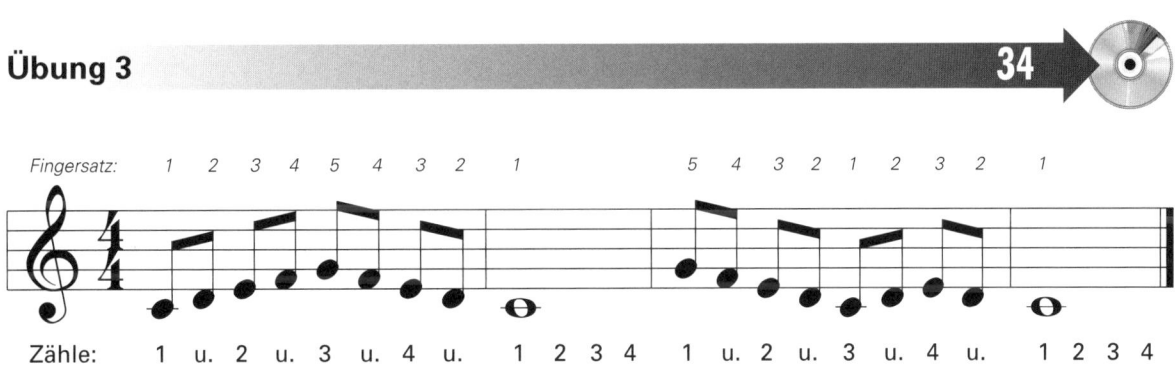

Übung 4 35

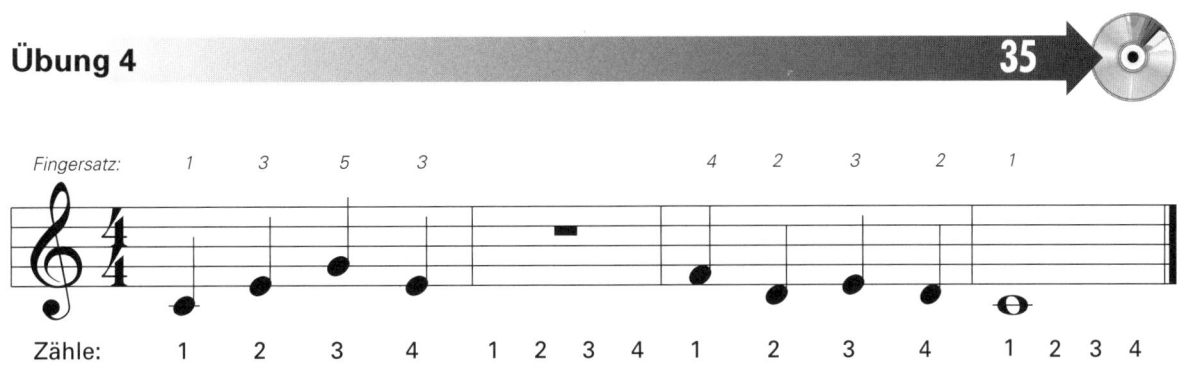

Bossa Nights

In diesem Stück wird das Tempo etwas schneller. Besonders die ganzen Noten sollten genau eingehalten und durchgezählt werden. Bei diesem Tempo neigt man leicht dazu, die Töne etwas kürzer klingen zu lassen, als sie notiert sind.

SOUND	Saxophon
STYLE	Bossa, Slow Bossa
TEMPO	♩ = 128

Musik: Bessler/Opgenoorth
© 1995 Voggenreiter Verlag, Bonn

TEST 4

1. Zeichne eine halbe Pause und eine ganze Pause!

halbe Pause   **ganze Pause**

2. Schreibe die Zählweise an folgende Takte:

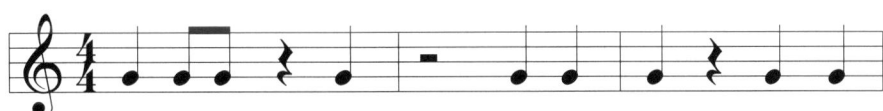

8   Der F-Dur-Akkord

Für den nächsten Song wird noch ein neuer Akkord benötigt: der F-Dur-Akkord (in Symbolschrift F).
Die Griffweise für die Begleitautomatik sieht so aus:

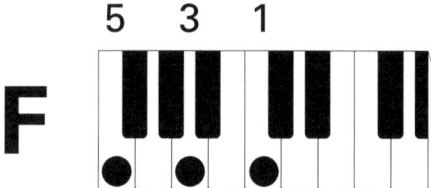

Übung 1   37

Hier ist eine Übung für den Wechsel zwischen C-Dur und F-Dur. Es spielt nur die linke Hand, die rechte hat Pause.
Der Fingersatz sollte unbedingt eingehalten werden.

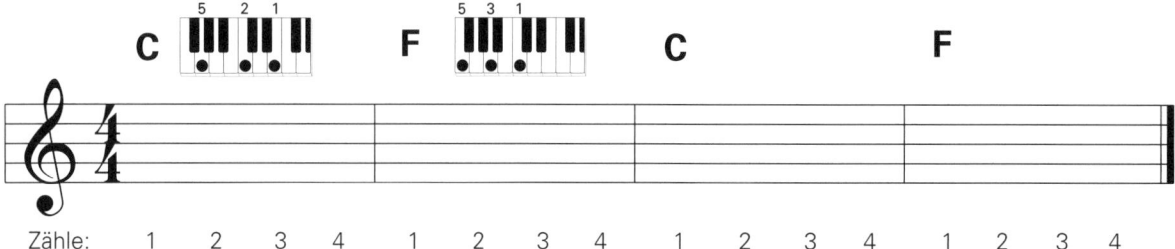

Zähle: 1   2   3   4   1   2   3   4   1   2   3   4   1   2   3   4

Übung 2   38

In dem nächsten Stück (*When The Saints Go Marchin' In*) werden alle bisher gelernten Akkorde benötigt: C-Dur, G-Dur und F-Dur. Auch dazu noch eine kurze Übung.

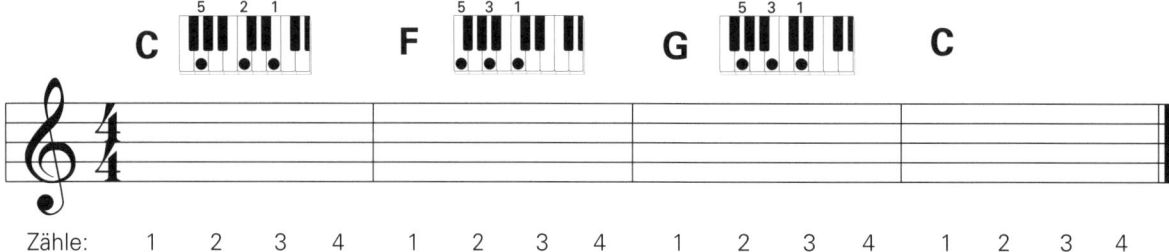

Zähle: 1   2   3   4   1   2   3   4   1   2   3   4   1   2   3   4

When The Saints Go Marchin' In

Hier klingt es besonders gut, wenn man die „Sync Start/Stop"-Funktion verwendet: Der erste Takt (also die ersten drei Noten des Stücks) werden solo gespielt, erst im zweiten Takt beginnt die Begleitung mit dem Akkord auf der ersten Note.

SOUND	Trumpet
STYLE	Foxtrot, March
TEMPO	♩ = 128

Musik: Traditional
Bearbeitung: Bessler/Opgenoorth
© Voggenreiter Verlag, Bonn

9 Der G⁷-Akkord

In diesem Kapitel kommt eine Variante des G-Dur-Akkords hinzu: Der G-Dur-Sept-Akkord (in Symbolschrift: G^7). Er enthält einen Ton mehr als der einfache G-Dur-Akkord und klingt deshalb etwas anders.

Der G^7-Akkord und der C-Dur-Akkord passen gut zueinander, da der G^7-Akkord eine Spannung enthält, die erst mit dem C-Dur-Akkord wieder aufgelöst wird. Dies kann man deutlich in der Übung 2 hören.

Das Griffbild für die Begleitautomatik:

Es sind vier Töne, es werden also auch vier Finger gebraucht. Bevor man mit den beiden Übungen beginnt, sollte man diesen Akkord und die Fingerstellung genau ausprobieren.

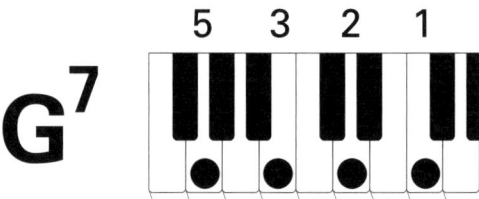

Übung 1　　　　　　　　　　　　　　40

Auch hier spielt wieder nur die linke Hand.

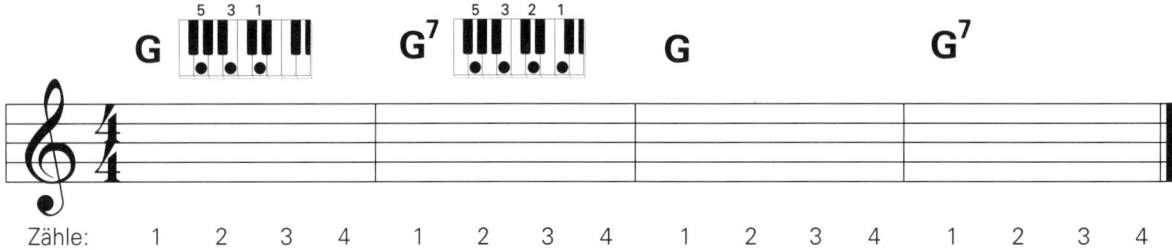

Übung 2　　　　　　　　　　　　　　41

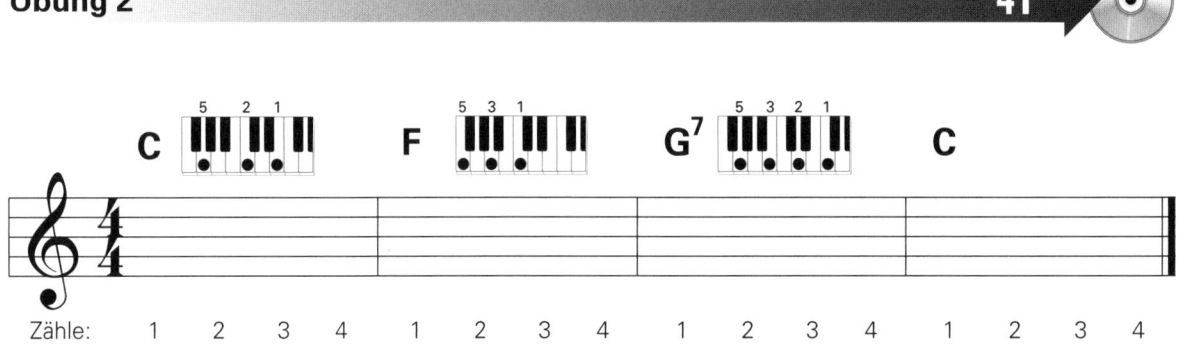

Slow Rag

In diesem Stück kann man sehr gut den Unterschied zwischen dem G-Dur-Akkord und dem G^7-Akkord hören, z. B. im zweiten Takt: Dort macht die Melodiestimme eine Pause, der G-Akkord dauert die ersten beiden Zählzeiten, auf der 3. und 4. Zählzeit erklingt dann der G^7-Akkord.

SOUND	Honky Tonk Piano
STYLE	Ragtime
TEMPO	80 bpm

Musik: Bessler/Opgenoorth
© 1995 Voggenreiter Verlag, Bonn

42

TEST 5

1. Welche Tasten müssen für die folgenden Akkorde in der Begleitautomatik („Fingered Chord"-Modus) gegriffen werden? Wie lauten die Fingersätze?

C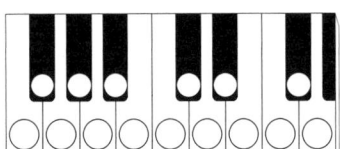

F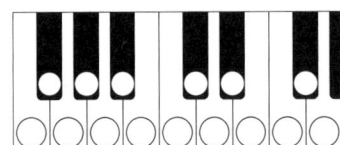

G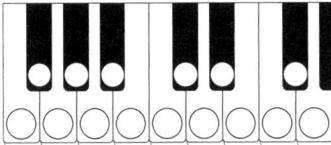

G^7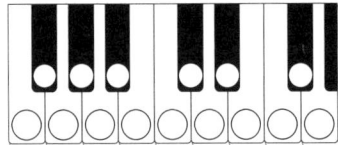

10 Moll-Akkorde

Alle bisher gelernten Akkorde haben eine Gemeinsamkeit: Es sind Dur-Akkorde. **Dur** ist eines der beiden „Klanggeschlechter" in der Musik. Es kommt von dem lateinischen „durus" = hart. Diese Akkorde klingen zwar nicht hart, aber klar, offen, fröhlich und beschwingt.

Das andere „Klanggeschlecht" in der Musik ist **Moll** (von lat. mollis = weich). Moll-Akkorde haben einen ganz anderen Klangcharakter als Dur-Akkorde: Sie klingen weicher, sanfter, ein wenig melancholisch.

Im nächsten Stück kommen zwei Moll-Akkorde vor: Der A-Moll- und der D-Moll-Akkord. Sie werden in der Symbolschrift mit „Am" und „Dm" abgekürzt, wobei das angehängte „m" für Moll (oder englisch: „minor") steht.

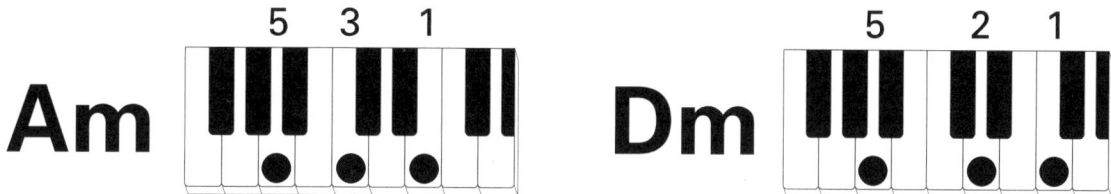

Übung 1   43

Die erste Übung zeigt deutlich, wie unterschiedlich Dur und Moll klingen.

Übung 2   44

Diese Übung ist schon eine direkte Vorbereitung auf den nächsten Song.

Summer Reggae

Hier kommen viele Moll-Akkorde vor. Die Akkordfolge C – Am – Dm – G⁷ wird in der Popmusik und im Jazz häufig verwendet. Es lohnt sich, diese Kombination gründlich zu üben.

SOUND	Vibraphone
STYLE	Reggae
TEMPO	♩ = 80

Musik: Bessler/Opgenoorth
© 1995 Voggenreiter Verlag, Bonn

45

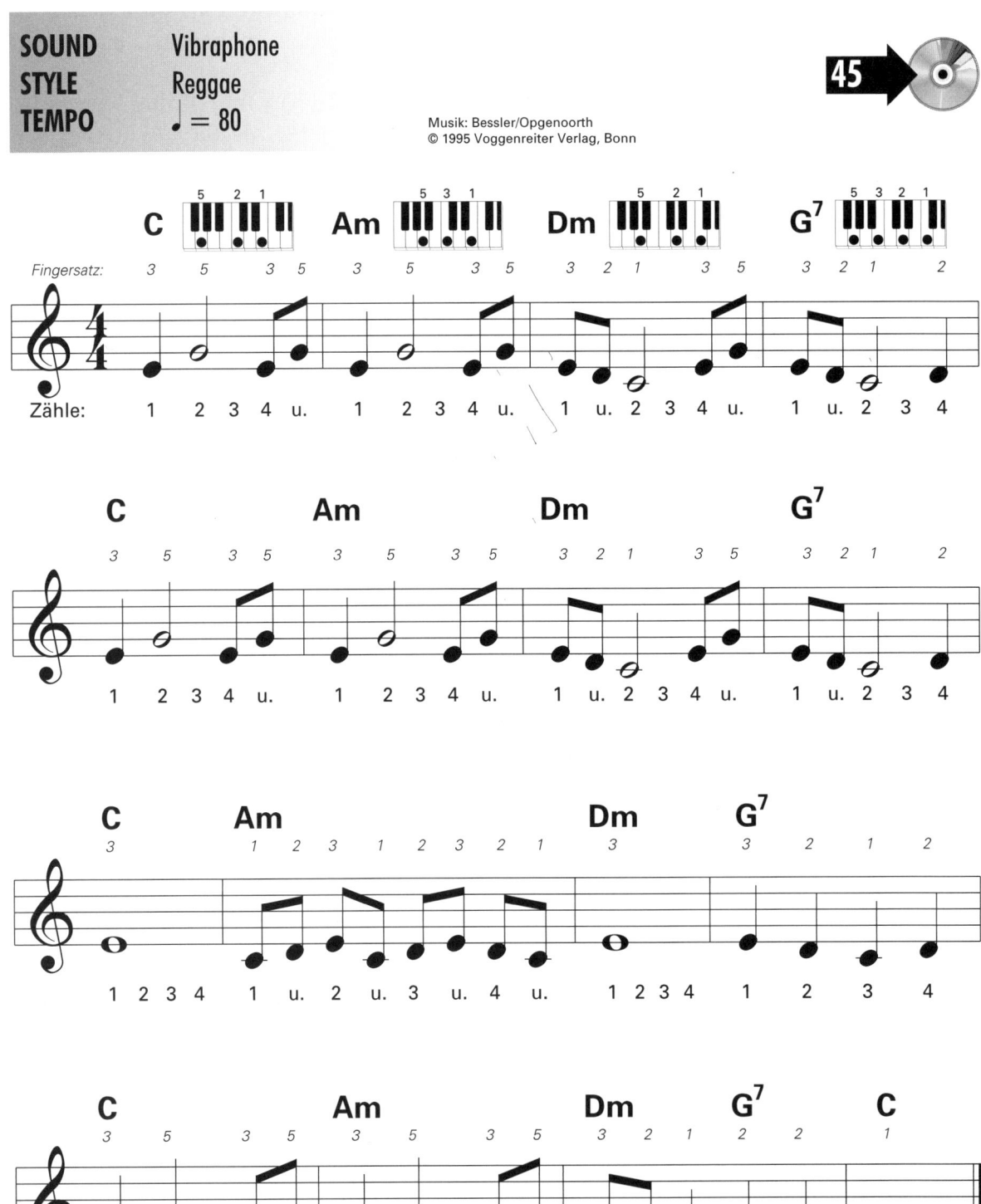

11 Ein neuer Tonraum

Alle Übungen und Songs haben bisher nur fünf Töne verwendet: c, d, e, f und g.
Diese Töne liegen nebeneinander, daher die Bezeichnung 5-Tonraum.
Eine Melodie in einem 5-Tonraum lässt sich recht bequem spielen, da jeder Finger für einen Ton (= eine Taste) zuständig ist. Die Hand bleibt also ständig in der gleichen Position über der Tastatur.

Die Melodie des nächsten Songs hat ebenfalls einen Umfang von fünf Tönen, der tiefste dieser Töne ist jedoch das a:

a   b   c   d   e

Die Spieltechnik ändert sich aber nicht: Die Finger liegen (von a aus) auf den fünf benachbarten weißen Tasten, jeder Finger spielt immer den gleichen Ton.

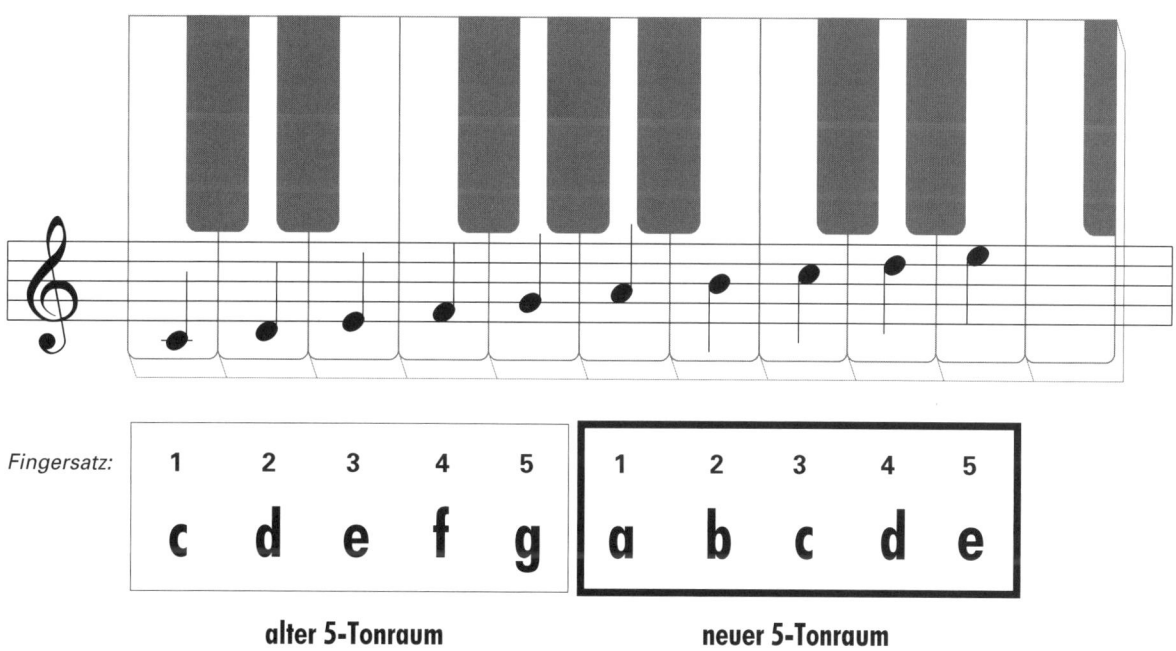

Fingersatz:

	1	2	3	4	5	1	2	3	4	5
	c	d	e	f	g	a	b	c	d	e

alter 5-Tonraum   neuer 5-Tonraum

rechte Hand

Zur Erinnerung: In diesem Buch wird die internationale Schreibweise verwendet, bei der das deutsche H als B und das deutsche B als B♭ (B flat) bezeichnet wird.

All Around Sixteen

In diesem Kapitel gibt es keine Übungen, daher kann man sich für den Song ein wenig mehr Zeit nehmen.

Wer sich dieses Stück vorher auf der CD anhört, wird sehen, dass die Noten viel komplizierter aussehen, als sie klingen. Trotzdem: Beim Üben sollte unbedingt mitgezählt werden, denn die vielen Pausen sind anfangs doch nicht so einfach zu spielen.

SOUND	Trumpet
STYLE	Jazz, Swing, Bebop
TEMPO	♩ = 80

Musik: Bessler/Opgenoorth
© 1995 Voggenreiter Verlag, Bonn

12

Die Spreizung der Hand

! Ab diesem Kapitel ist die Zählweise nur noch bei schwierigen Stellen angegeben.

Die bisherigen Stücke ließen sich alle spielen, ohne die Haltung der rechten Hand zu verändern. Der Daumen lag immer auf dem tiefsten Ton, die anderen Finger auf den benachbarten weißen Tasten:

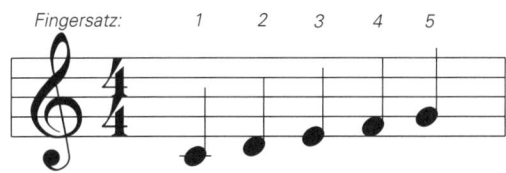

Die Situation ändert sich, wenn ein Song oder eine Melodie mehr als fünf Töne enthält. In diesem Fall muss die Hand (bzw. die Finger) kurzzeitig gespreizt werden, so dass die Finger nicht mehr die unmittelbar benachbarten Tasten spielen. Es können dann zwischen zwei Fingern eine oder mehrere Tasten frei bleiben, zum Beispiel:

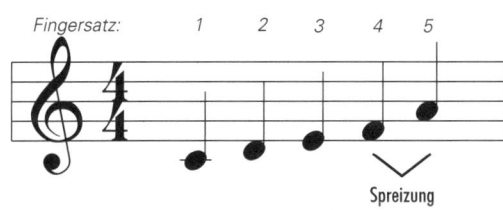

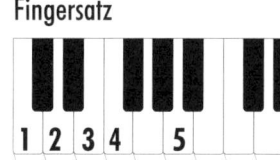

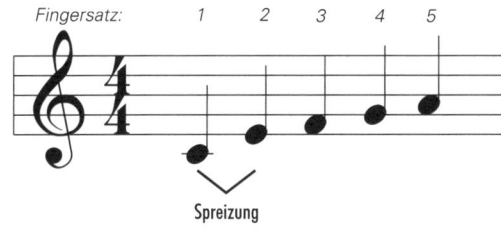

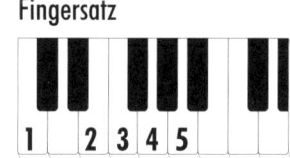

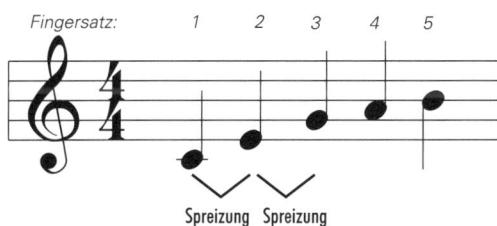

In vielen Songs ist die Spreizung nur ein kurzzeitiger Zustand, die Hand kehrt am Ende in die Ausgangsposition zurück.

Die Handspreizungen sind in den Übungen markiert. Diese Stellen bitte vorsichtig und langsam üben.

Übung 1 47

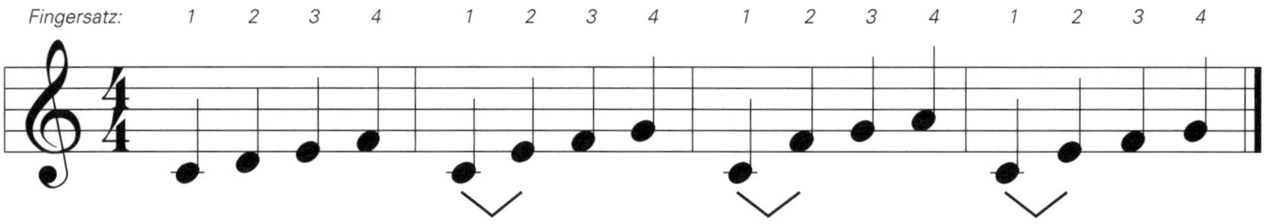

Übung 2 48

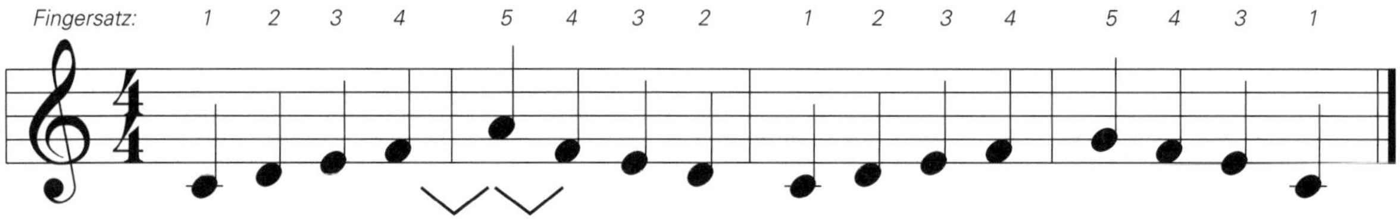

Übung 3 49

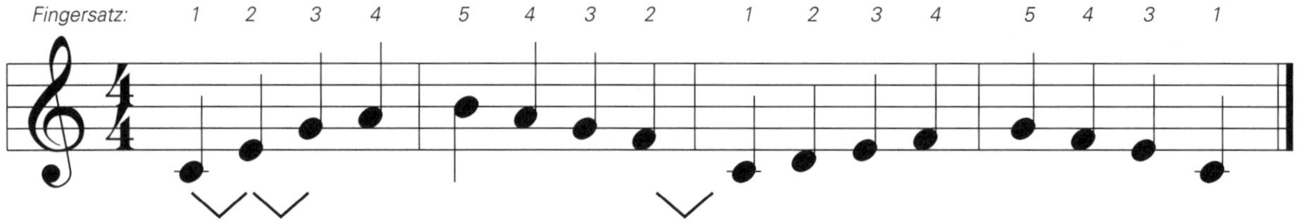

Übung 4 50

Die Hand kann natürlich auch nach unten, zu den tieferen Tönen hin gespreizt werden. In dieser Übung kommt im 2. und 4. Takt ein neuer Ton vor, der unterhalb unseres 5-Ton-Raums liegt: der Ton b. Er liegt links neben dem c, auf der nächsten weißen Taste. (Eine Übersicht über alle Noten, Töne und die dazugehörigen Tasten befindet sich im Anhang.)

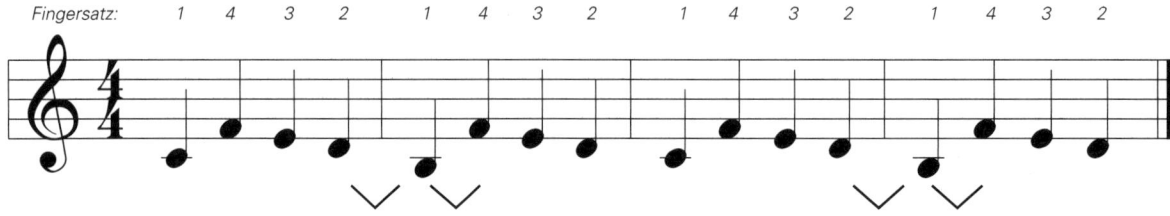

La-le-lu

In diesem Song ist die Spreizung der rechten Hand in einigen Takten sehr groß. Wer die große Spanne in Takt 5 und 13 nicht greifen kann, darf zwischen den Tasten ein wenig springen.

Außerdem gibt es noch ein paar knifflige Stellen, die zunächst langsam geübt werden sollten: Im zweiten Takt (ebenso im 4., 10. und 12. Takt) muss der kleine Finger nacheinander zwei benachbarte Töne spielen, er springt vom e'' auf das d''. Erst danach kommen die anderen Finger wieder zum Einsatz. Dies ist bereits ein kleiner Vorgeschmack auf die Technik des Handverschiebens, die im nächsten Kapitel ausführlich geübt wird.

Es kommen auch zwei neue Töne vor: f'' und g''. In der Übersicht am Ende sind diese Töne auch noch einmal mit den entsprechenden Tasten zu sehen.

SOUND	Recorder, Synth Strings
STYLE	Pop Ballad
TEMPO	♩ = 100

Musik u. Text: Heino Gaze ©
1950 by Peter Schaeffers Musikverlag, Hamburg

51

1. Welche Tasten werden mit welchen Fingern in der Begleitung für diese beiden Akkorde gegriffen?

Am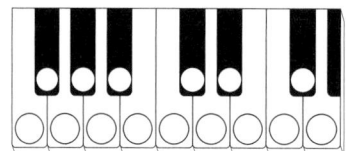

Dm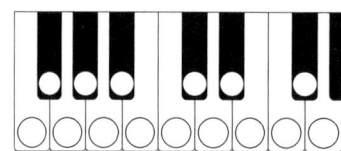

2. Was ist eine Spreizung?

3. Markiere in dem folgenden Beispiel die Stellen, wo eine Spreizung vorkommt.

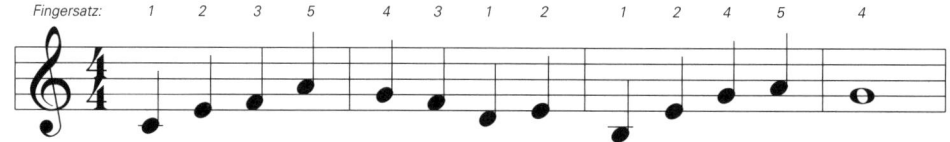

13 Das Handverschieben

Die Technik des Handverschiebens verwendet man, um sehr weit entfernte Töne erreichen zu können. Das Handverschieben kann man als Steigerung der Handspreizung bezeichnen. Beides sind Techniken, die oftmals ineinander übergehen, so dass man eine Mischung aus Spreizung und Verschiebung der Hand verwendet.

Zur Erinnerung:

1. In einem Stück, das nur fünf nebeneinander liegende Töne verwendet, kann die Hand immer in der gleichen Position über der Tastatur bleiben.

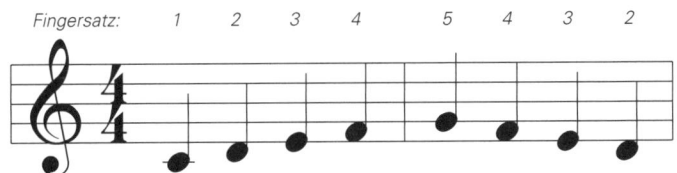

Fingersatz

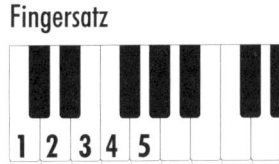

2. **Spreizung**: Liegen einige Töne in der Nachbarschaft des 5-Tonraumes, so reicht es manchmal, wenn an der entsprechenden Stelle die Hand kurzzeitig gespreizt wird.

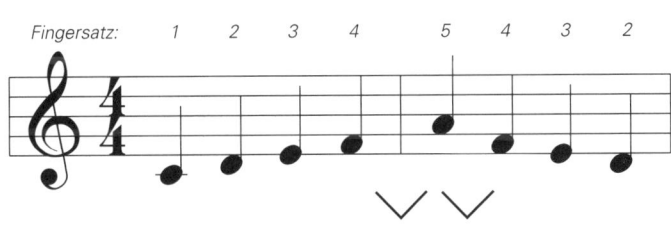

Fingersatz

3. **Handverschieben**: Liegen die Töne zu weit auseinander, muss die Hand nach oben oder unten verschoben werden. Das geschieht z. B. dann, wenn eine Tonfolge sich auf einer anderen Tonhöhe wiederholt.
Nach dem Verschieben sollten die fünf Finger wieder auf fünf benachbarten weißen Tasten liegen.

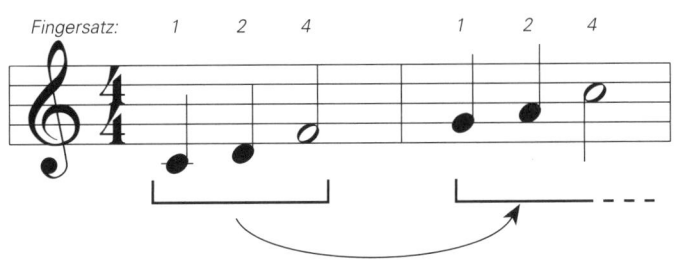

Fingersatz

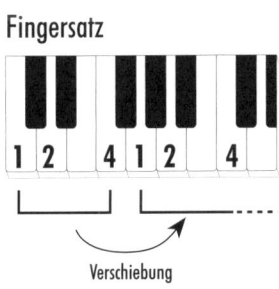

Bei dieser Übung wird mit jedem Takt die Hand um eine weiße Taste verschoben: die ersten vier Takte aufwärts, die restlichen vier abwärts.

Hier gibt es nur eine Handverschiebung und zwar nach dem 2. Takt. Dies ist jedoch ein großer Sprung und sollte daher langsam geübt werden.

Diese Übung ist bereits eine Vorbereitung auf den nächsten Song. Die Hand sollte hier nach dem 1. und nach dem 2. Takt verschoben werden.

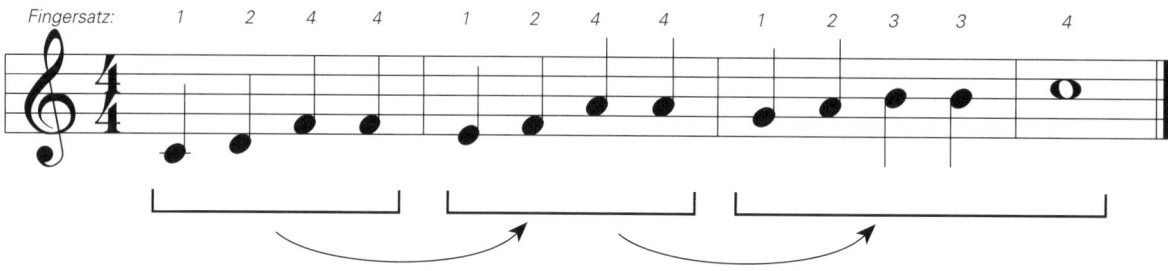

Für *Sailing Across The Sea* braucht man außerdem den **D-Dur-Akkord**:

Er ist anfangs etwas schwierig zu greifen, da mit dem Daumen eine schwarze Taste gegriffen wird.
Der D-Dur-Akkord bekommt deshalb eine extra Übungseinheit.

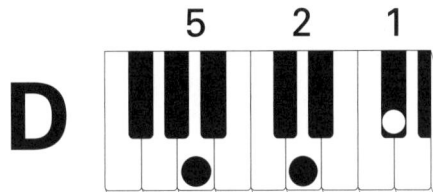

Übung 4 55

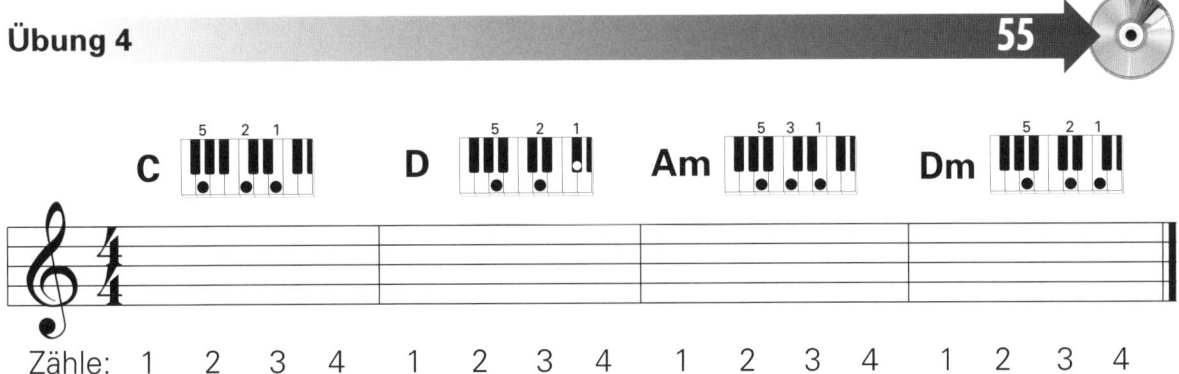

Zähle: 1 2 3 4 1 2 3 4 1 2 3 4 1 2 3 4

Im nächsten Song kommen zwei neue Noten vor: Die Töne g und a.
Sie liegen auf den weißen Tasten unterhalb des Tons b.

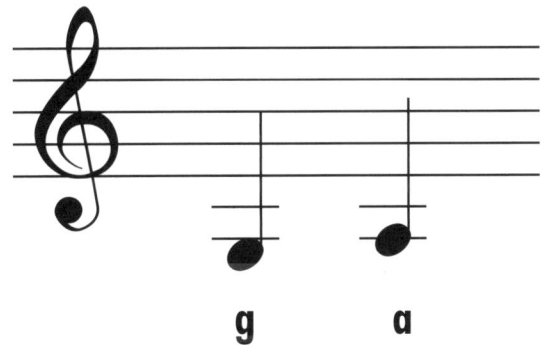

g a

Die Melodie von *Sailing Across The Sea* enthält folgende Töne:

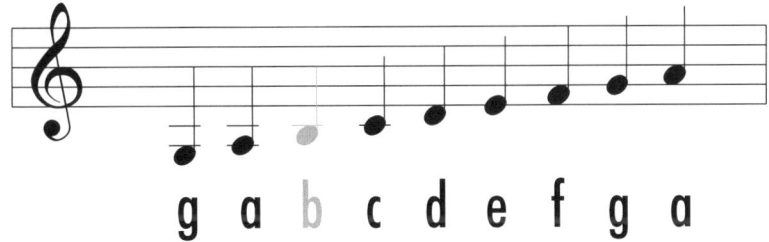

g a b c d e f g a

Man kann deutlich sehen, dass der Tonumfang dieser Melodie sehr groß ist. Man kommt mit einer Handspreizung nicht mehr aus, die Hand muss also verschoben werden.

Sailing Across The Sea

Sailing Across The Sea ist eine gute Übung für das Handspreizen. Im vierten Takt muss die Hand vom g' auf das a' verschoben werden, was durch die Pause in Takt 3 erleichtert wird.

Der erste und der letzte Takt dieses Stückes sind unvollständig. Beide ergänzen sich zu einem ganzen Takt. Wenn ein Musikstück mit einem unvollständigen Takt beginnt, bezeichnet man diesen Takt als **Auftakt**. Der Auftakt wird bei der Taktzählung nicht mitgerechnet. Ein Auftakt eignet sich besonders für den Einsatz der „Sync Start/Stop"-Funktion.

TIPP Zähle am Anfang die fehlenden Viertelschläge (1 2) in Gedanken mit. Auf diese Weise kann man sich gut auf das Tempo und den Taktschlag vorbereiten.

SOUND	Voice
STYLE	Pop Ballad
TEMPO	♩ = 80

Musik: Bessler/Opgenoorth
© 1997 Voggenreiter Verlag

56

Tom's Diner

Dieser Song stammt von Suzanne Vega. Die Hip-Hop-Version von DNA ist allerdings bekannter geworden.
Handspreizung und Handverschiebung lassen sich hier nicht mehr eindeutig voneinander trennen. Besondere Beachtung sollten der letzte Takt der zweiten Zeile und der erste der dritten Zeile verdienen, denn dort kommen zwei unangenehme Handspreizungen vor.

SOUND	Synthstring
STYLE	Hip Hop, Groundbeat
TEMPO	♩ = 100

57

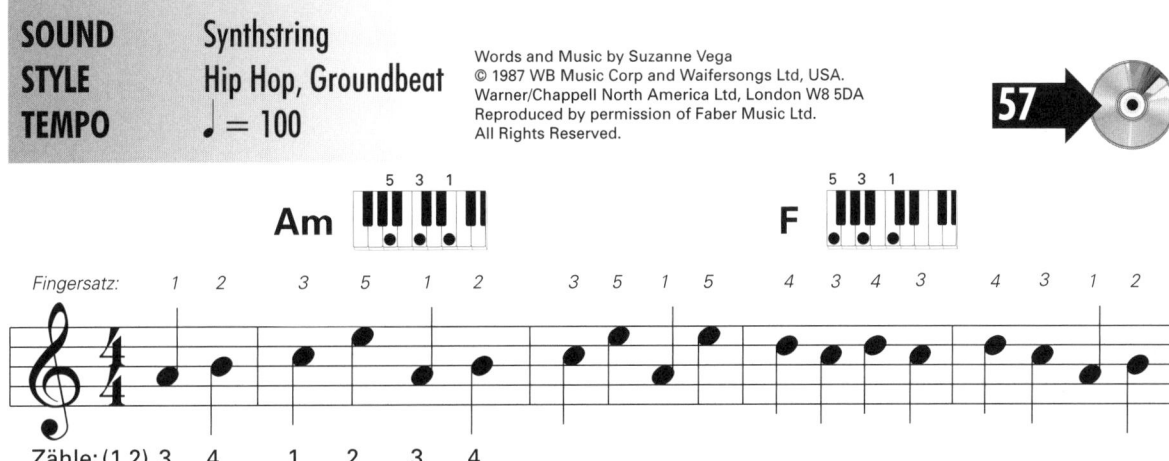

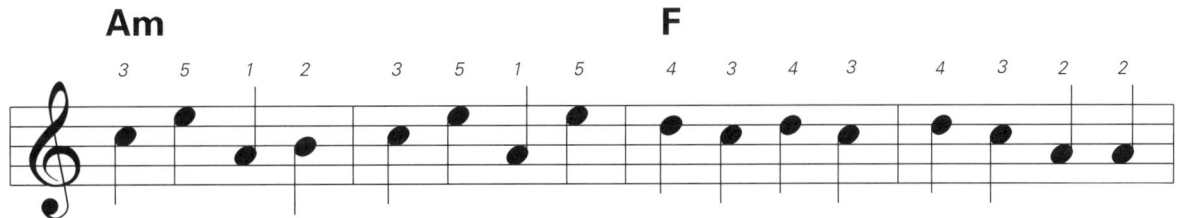

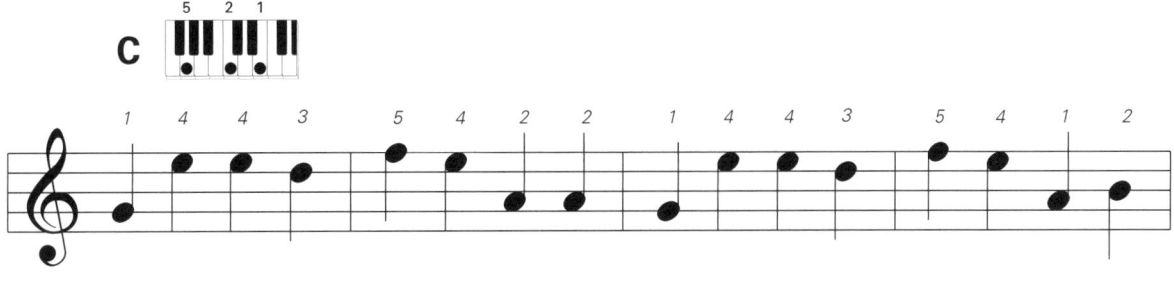

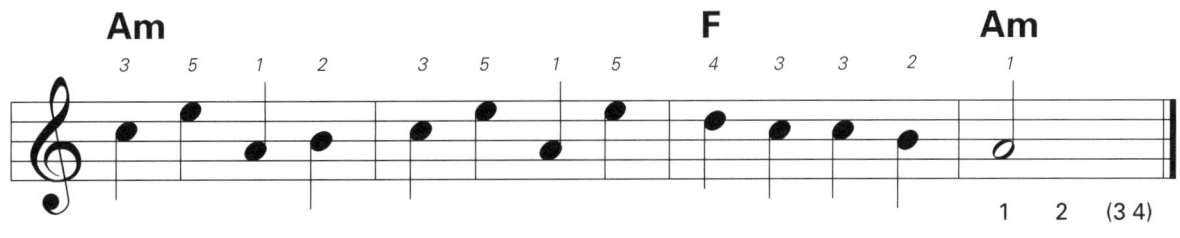

14 Punktierte Noten

Eine „punktierte Note" erhält man, indem man hinter den Notenkopf einen Punkt setzt.
Dieser Punkt hat dann folgende Bedeutung: Die Note wird um die Hälfte ihres Notenwertes verlängert.

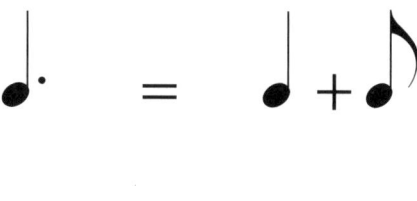

Die punktierte Viertelnote dauert also genauso lang wie eine Viertelnote und eine Achtelnote zusammen, sie wird aber natürlich nur einmal angeschlagen. Entsprechend ist es bei einer punktierten halben Note.

Gezählt wird immer der Notenwert, der eine punktierte Note in drei Teile teilt. Eine punktierte Viertel zählt man in Achteln, eine punktierte Halbe in Vierteln:

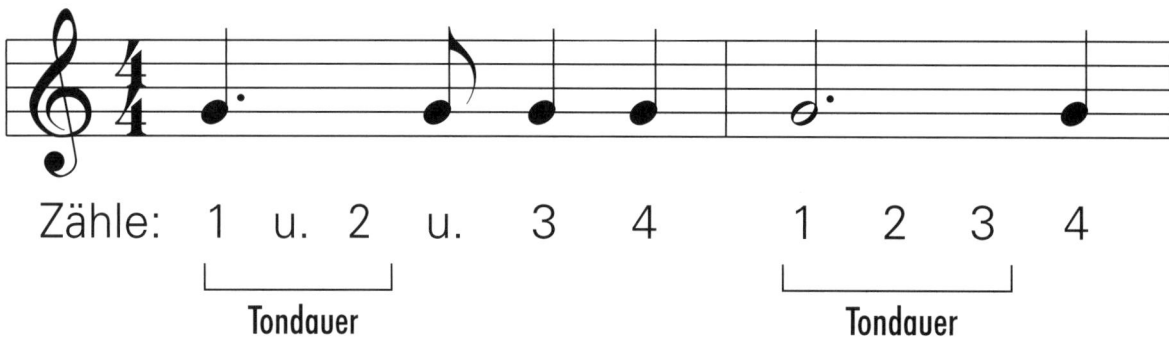

Für die Pausen gilt das gleiche: Ein Punkt verlängert sie um die Hälfte.

Wichtig bei den Übungen ist lautes Mitzählen oder Benutzung des Metronoms, um für die komplizierten Rhythmen das richtige Gefühl zu entwickeln.

Übung 1   58

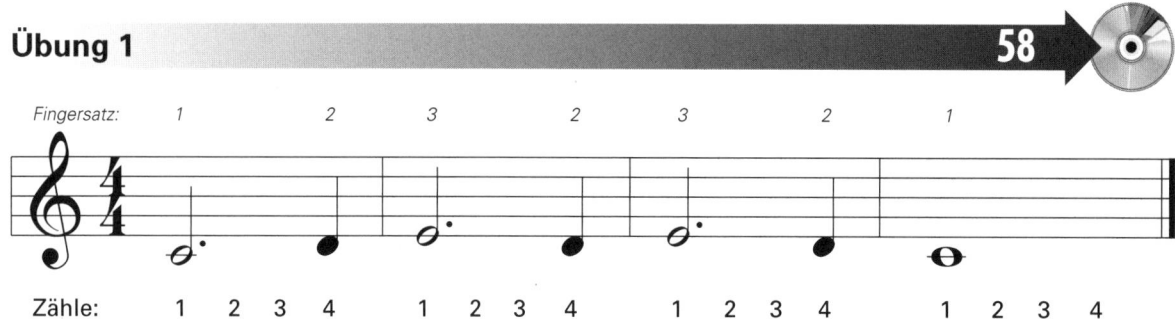

64

Übung 2

Fingersatz: 1   2   3   5   4   3   2   3

Zähle: 1   u.   2   u.   3   u.   4   u.   1   u.   2   u.   3   u.   4   u.

Fingersatz: 1   2   3   5   3   2   1

Zähle: 1   u.   2   u.   3   u.   4   u.   1   u.   2   u.   3   4

Übung 3

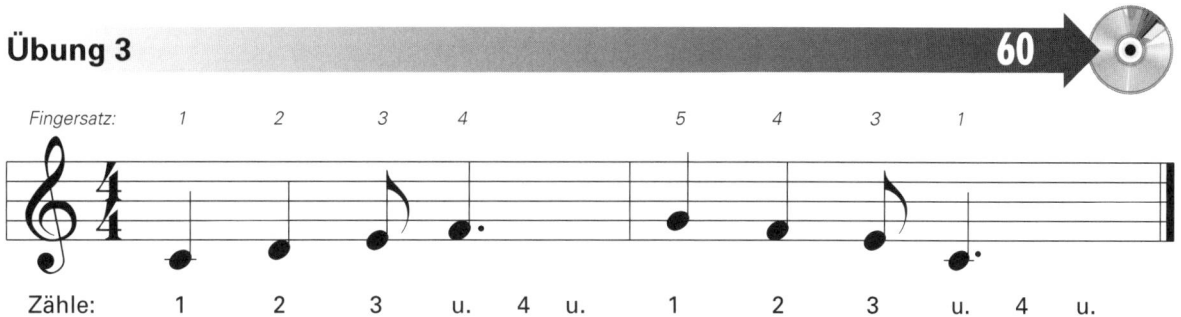

Fingersatz: 1   2   3   4   5   4   3   1

Zähle: 1   2   3   u.   4   u.   1   2   3   u.   4   u.

Übung 4

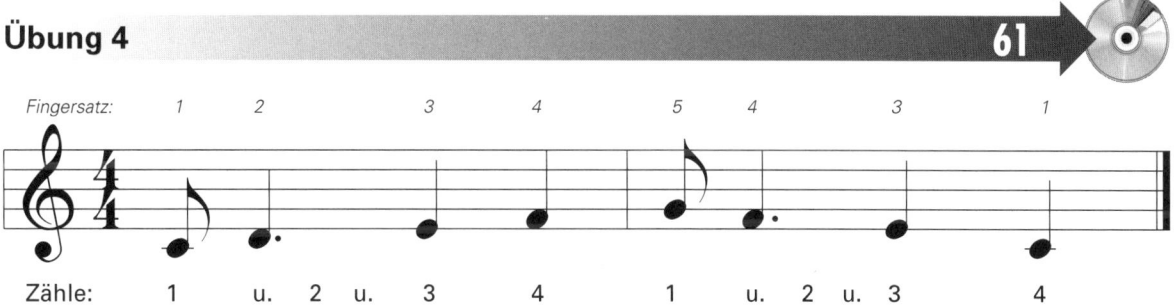

Fingersatz: 1   2   3   4   5   4   3   1

Zähle: 1   u.   2   u.   3   4   1   u.   2   u.   3   4

Im nächsten Song kommt ein neuer Ton hinzu: der Ton a''. Die Note bekommt eine Hilfslinie, da sie über das Notensystem hinausragt.

Dies ist der höchste Ton, der im Keyboard-STARTER 1 verwendet wird.

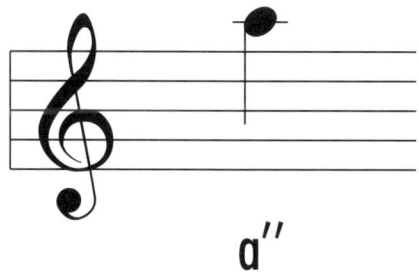

a''

Marche funèbre

Der Trauermarsch (*Marche funèbre*) aus der Klaviersonate b-Moll von Frédéric Chopin ist geradezu der Inbegriff eines Trauermarsches geworden.
Unsere Version eignet sich hervorragend zum Üben von punktierten Noten, da die linke Hand nicht besonders schwer ist. Man kann sich also gut auf die rechte Hand konzentrieren.

SOUND	French Horn, Trombone
STYLE	March
TEMPO	♩ = 75

Musik: Frédéric Chopin
Bearbeitung: Bessler/Opgenoorth
© Voggenreiter Verlag, Bonn

Mackie Messer

Die *Moritat von Mackie Messer* ist das bekannteste Stück aus der Dreigroschen-oper. Die Punktierungen in dieser Melodie sind nicht sehr abwechslungsreich. Dennoch sind sie ein wichtiges, für das ganze Stück charakteristisches Element, das man nicht weglassen sollte. Ohne die Punktierungen wäre die Melodie etwas steif, der gewisse Schwung würde fehlen.
Auch dieses Stück beginnt mit einem Auftakt.

SOUND	Trumpet
STYLE	Showtune
TEMPO	♩ = 100

Kurt Weill / Bertolt Brecht „Die Moritat vom Mackie Messer"
aus „Die Dreigroschenoper"
© Copyright 1928 by Universal Edition A.G. , Wien / UE 9772

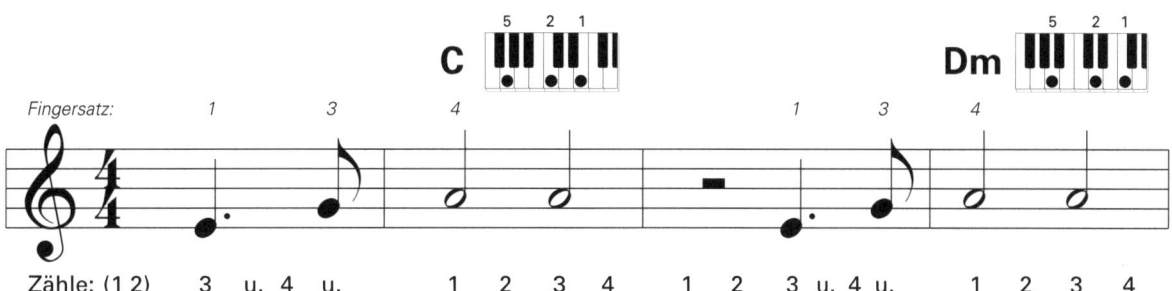

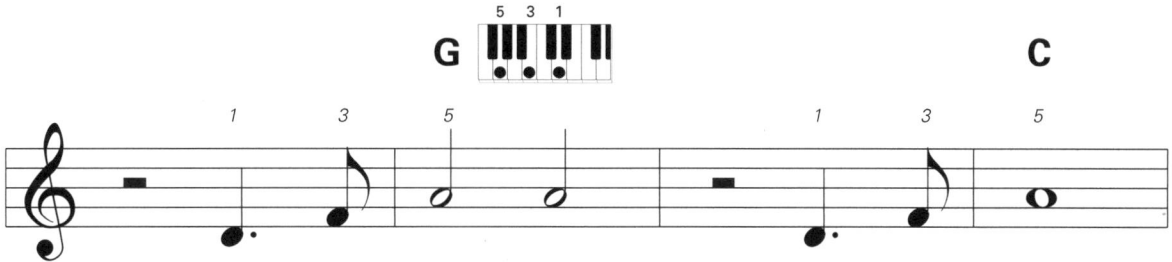

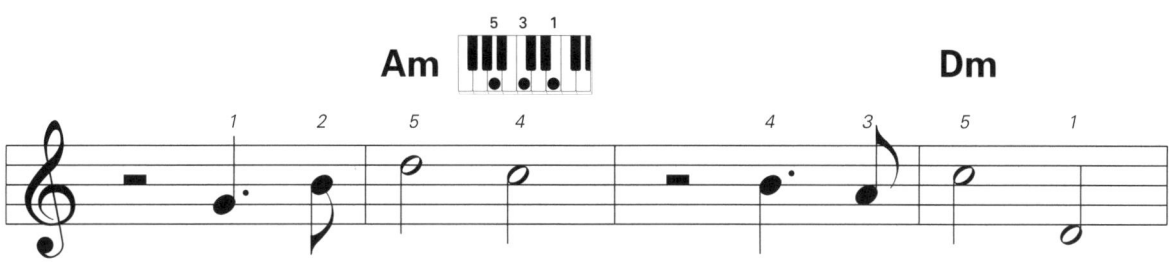

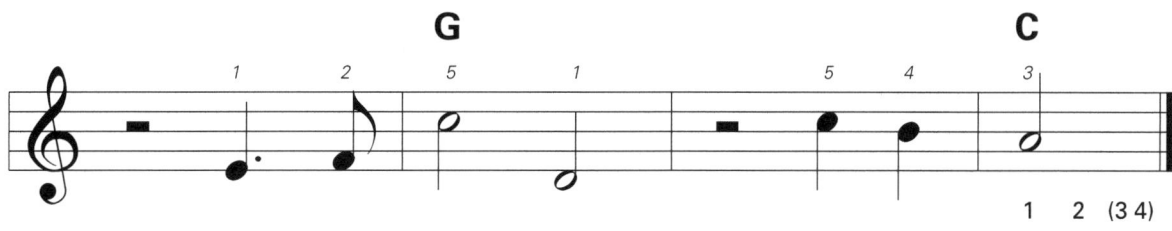

1. Wie ändert sich die Länge einer Note, wenn sie punktiert wird?

2. Wieviel Achtelnoten haben die gleiche Länge wie eine punktierte halbe Note?

3. Trage in die Beispiele die Zählweise ein!

4. Welche Tasten werden für den D-Dur- und den D-Moll-Akkord in der Begleitung gegriffen?
Welche Finger werden verwendet?

D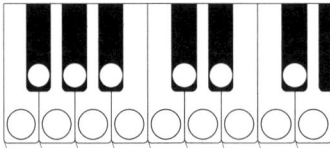

Dm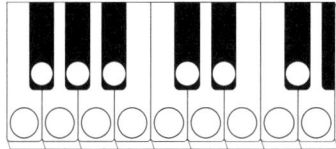

15 Der 3/4-Takt

Alle bisher gespielten Stücke und Übungen sind im 4/4-Takt komponiert, sie „stehen im 4/4-Takt". Es gibt aber noch eine Reihe anderer Taktarten, die wichtigste ist der 3/4-Takt.
Der 3/4-Takt kommt in der Rock- und Popmusik eher selten vor, dagegen ist er in der „klassischen" Musik und der Tanzmusik sehr beliebt. Der Walzer steht z. B. im 3/4-Takt, deshalb kommt man als Tänzer oder Tanzmusiker nicht ohne diese Taktart aus.

Wie der Name schon sagt, enthält der 3/4-Takt drei Viertelzählzeiten pro Takt. Er wird 1 2 3 gezählt, wobei die „1", also die erste Taktzeit, leicht betont wird.

Zum Vergleich ein 4/4-Takt und ein 3/4-Takt:

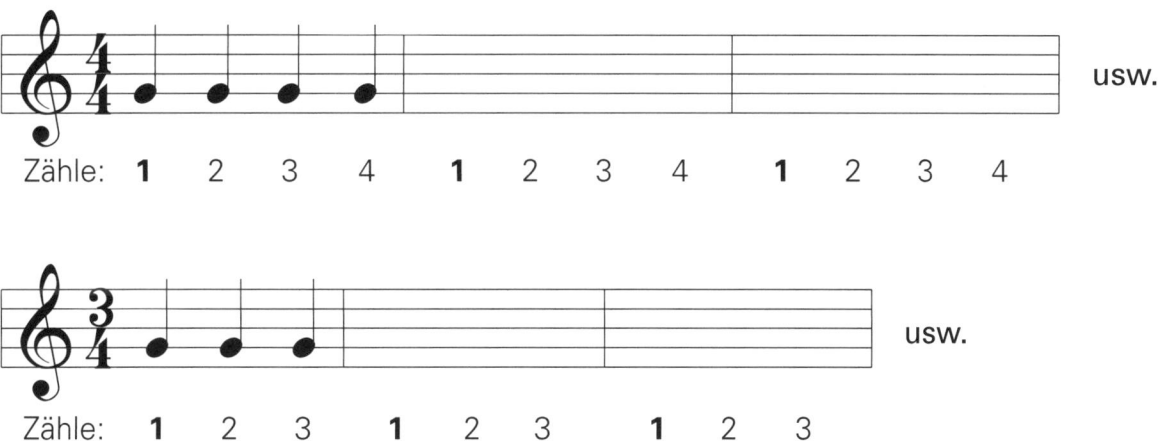

Im 3/4-Takt gibt es keine ganzen Noten, denn ein Takt kann ja nicht mehr als drei Viertel fassen. Der längste Notenwert, der hier vorkommen kann, ist die punktierte halbe Note. Sie füllt einen Takt:

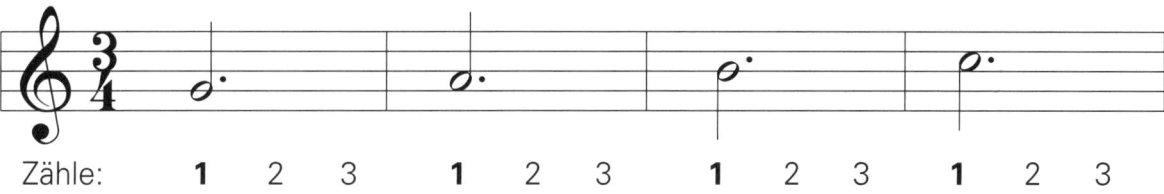

Diese Übungen sind alle für die rechte Hand. Die linke Hand kommt erst im nächsten Stück, der *Barcarole* hinzu.

Es ist eine große Hilfe, wenn man ein Metronom oder einen Schlagzeugrhythmus (ohne Begleitharmonien) im Hintergrund mitlaufen lässt. Der Rhythmus darf natürlich nur im 3/4-Takt sein, also z. B. ein Walzer. Trotzdem sollte man nie vergessen, selbst zu zählen und damit ein Gefühl für den 3/4-Takt zu bekommen.

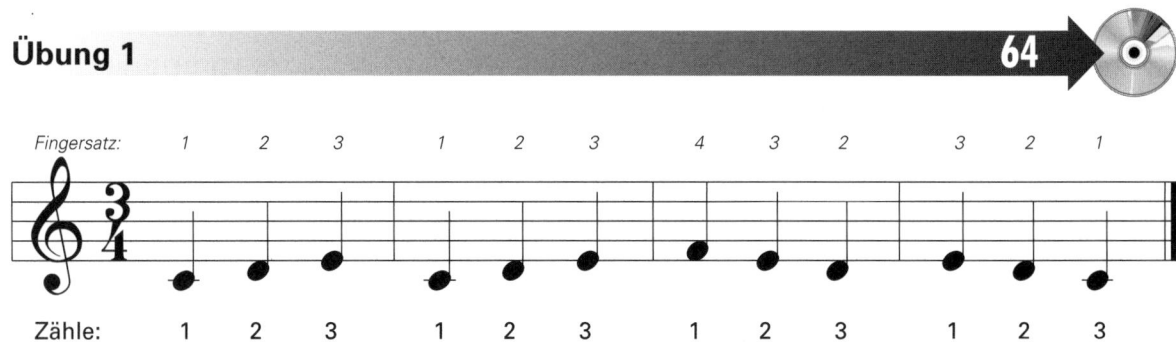

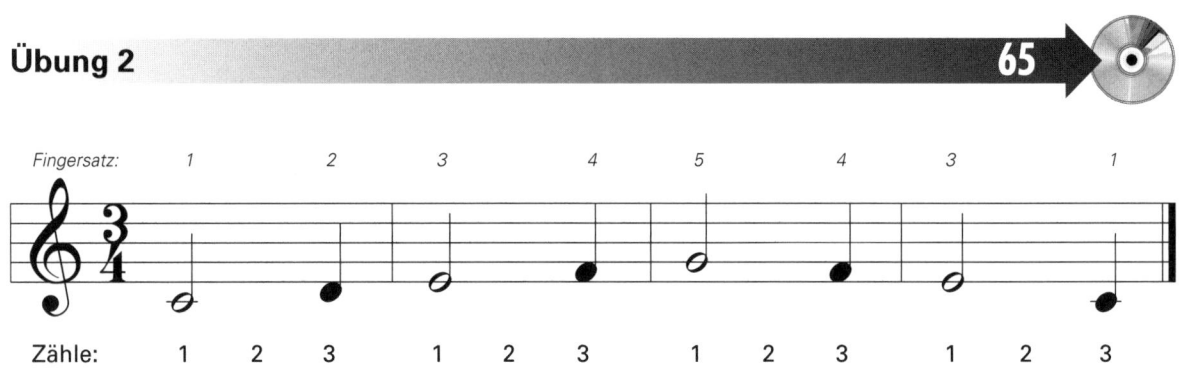

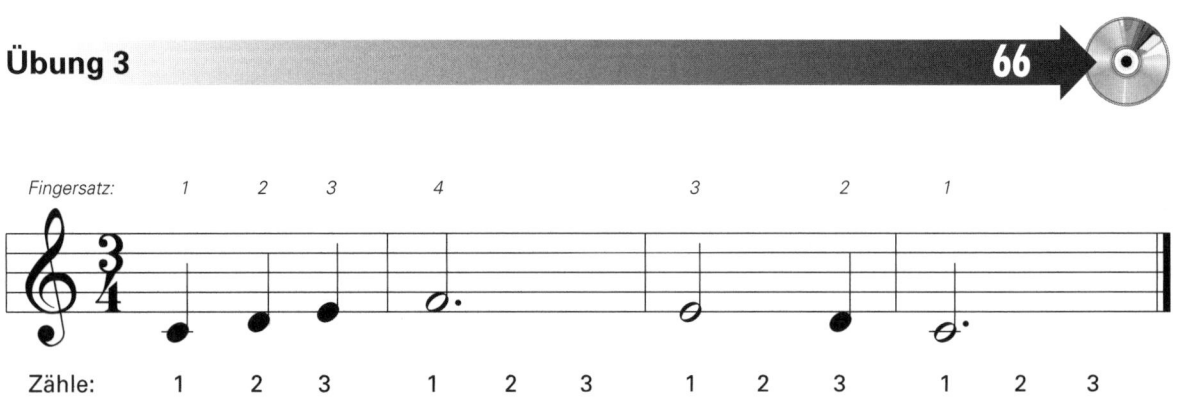

Barcarole

Dieses Stück ist, ebenso wie Beethovens *Ode an die Freude*, einer der „Hits" der klassischen Musik geworden. Ursprünglich ist es eine Opernarie aus der Oper *Hoffmanns Erzählungen* von Jacques Offenbach (1819-1880).

SOUND	Strings
STYLE	Walzer
TEMPO	♩ = 100

Musik: Jacques Offenbach
Bearbeitung: Bessler/Opgenoorth
© Voggenreiter Verlag, Bonn

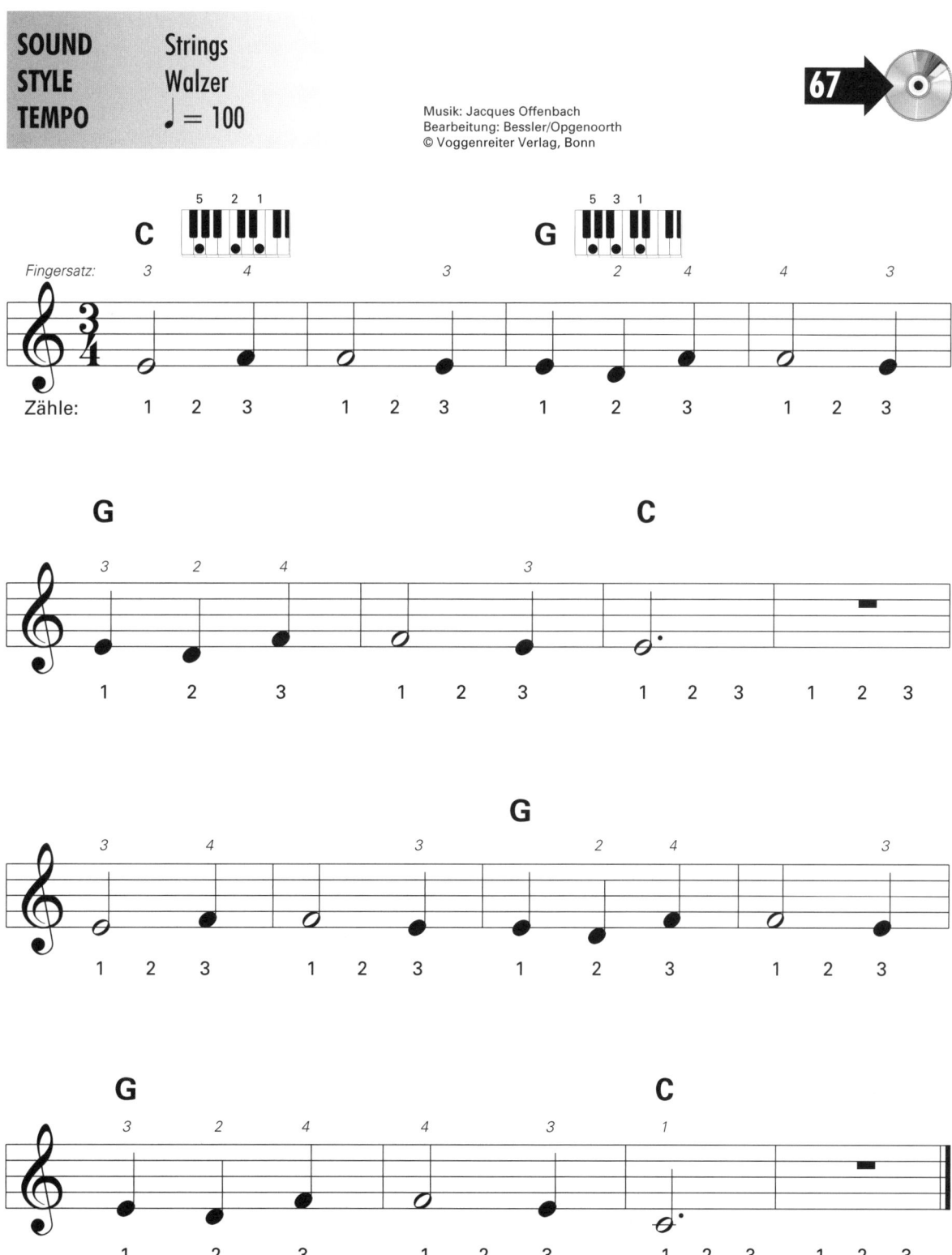

Jolly Good Fellow

Dieser Song passt zu allen Gelegenheiten. Ob es sich um einen Geburtstag oder eine andere Feier handelt, solch ein Lied muss ein Keyboarder einfach im Repertoire haben.
Die Melodie beginnt wieder mit einem Auftakt. Auch hier klingt der Start der Begleitautomatik mit der „Sync Start/Stop"-Funktion besonders gut.

SOUND	Honky Tonk Piano
STYLE	Jazz Waltz
TEMPO	$\quad$ = 120

Musik: Traditional

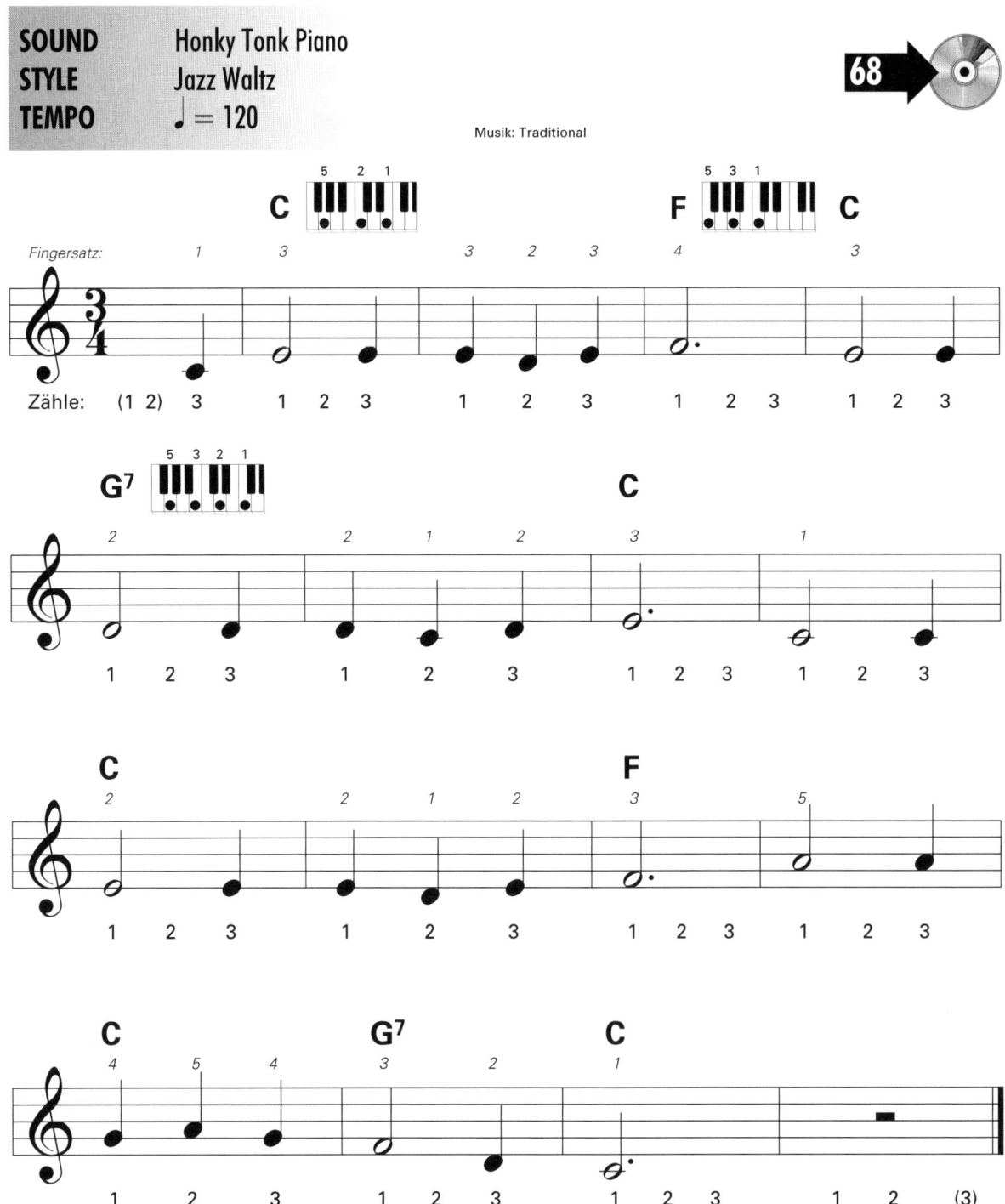

TEST 8

1. Wieviele Achtelnoten passen in einen 3/4-Takt?

2. Nenne einen Tanz im 3/4-Takt.

3. Welches ist der längste Notenwert, der in einem 3/4-Takt vorkommen kann?

4. Schreibe die Zählweise an folgende Takte:

16

Unter- und Übersetzen

Diese Technik ist eine der wichtigsten auf dem Keyboard. Sie wird später für das flüssige Spiel komplizierterer Melodien unverzichtbar sein und sollte deshalb sehr genau geübt werden. Dabei ist das Unter- und Übersetzen eigentlich nur eine Verfeinerung des Handverschiebens.

Untersetzen

Möchte man z. B. die Stammtonreihe von c aus aufwärts spielen, kann man den folgenden Fingersatz verwenden:
Man beginnt mit der Fingerfolge 1-2-3-4-5. Die Hand wird nach dem 5. Finger verschoben und die Stammtonreihe mit 1-2-3 beendet.
Dabei entsteht, besonders bei schnellen Stücken, oft eine Lücke zwischen den Tönen, da der Sprung der Hand sehr groß ist.

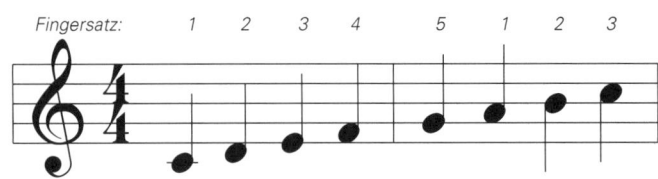

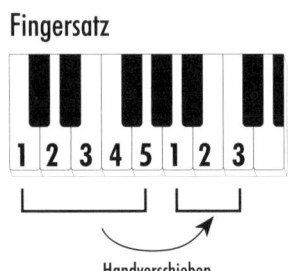

Viel bequemer und unauffälliger ist es, wenn man nach dem dritten Ton, also nach dem Mittelfinger mit dem Daumen wieder beginnt (s. unten).
Da der Daumen sehr beweglich ist, kann man ihn, wenn der Mittelfinger auf dem e' liegt, unter dem Zeige- und dem Mittelfinger hindurch auf das f' setzen.
Diese Technik bezeichnet man als Untersetzen. Man kann damit einen nahtlosen Übergang zwischen dem Mittelfinger und dem Daumen erreichen.

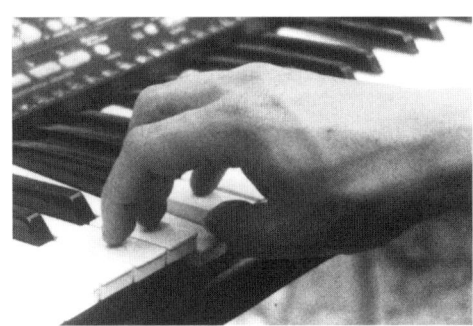

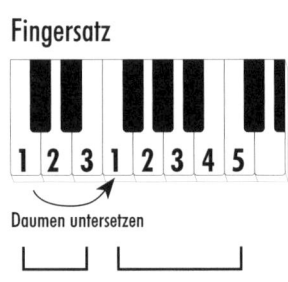

74

Übersetzen

Das Übersetzen entspricht der Bewegung des Untersetzens in entgegengesetzter Richtung: Die Stammtonreihe beginnt also von oben in Abwärtsrichtung mit der Fingerfolge 5-4-3-2-1. Während der Daumen noch auf dem f liegt, wird der Mittelfinger über den Daumen hinweg auf das e gesetzt, so dass zwischen den Tönen f und e keine Pause entsteht.

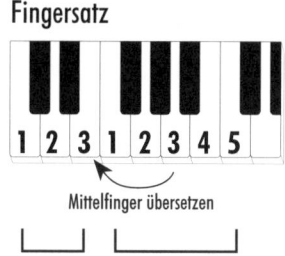

Übung 1   69

Die erste Übung besteht aus der Stammtonreihe. Es gibt im ersten und im dritten Takt einen Untersatz. Achtung: Der Übergang vom zweiten zum dritten Takt muss erst langsam geübt werden.

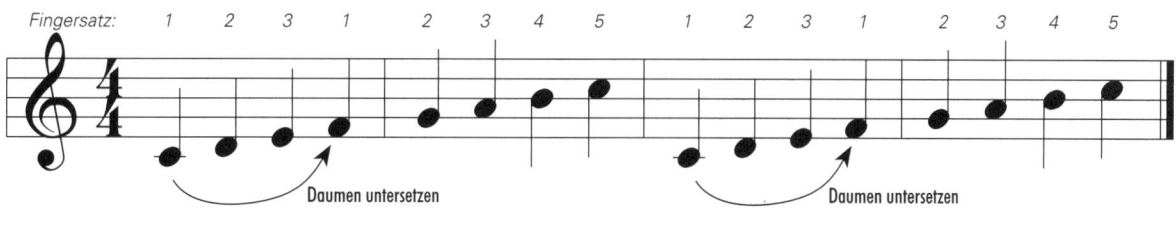

Übung 2   70

Hier erfolgt der Übersatz im zweiten und vierten Takt.

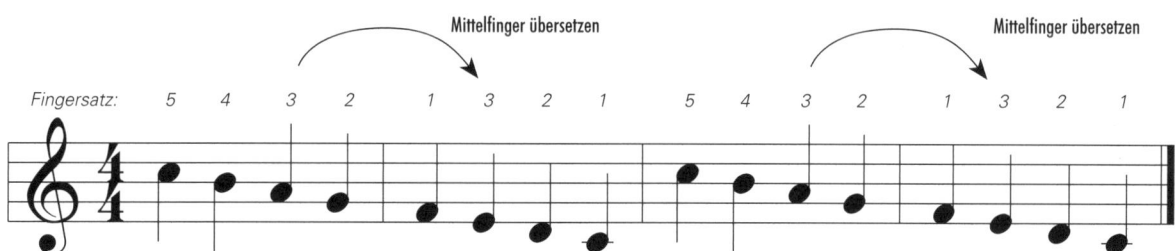

Übung 3   71

Unter- und Übersatz werden nun in einer Übung kombiniert.

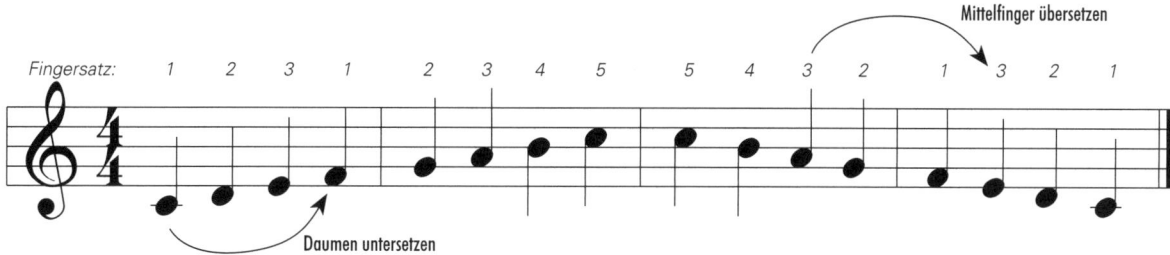

75

Die Übungen mit der Stammtonreihe sollten solange aufwärts und abwärts geübt werden, bis ein völlig gleichmäßiges Spiel erreicht wird, das Tempo ist dabei zunächst unwichtig. Die Töne sollten möglichst gleichmäßig gespielt werden, zwischen den Tönen dürfen keine Lücken entstehen.
Es erfordert einige Übung, den Unter- und Übersatz flüssig zu gestalten, also Geduld ...

You Are The Sun

Bei diesem Stück kommt man ohne Über- und Untersatz nicht mehr aus, wenn man die Melodie flüssig, also ohne ständiges Handverschieben spielen will.
Der Fingersatz an den entsprechenden Stellen sollte beachtet werden.

SOUND	E-Piano
STYLE	Pop Ballad
TEMPO	♩ = 80

Musik: Bessler/Opgenoorth
© 1999 Voggenreiter Verlag

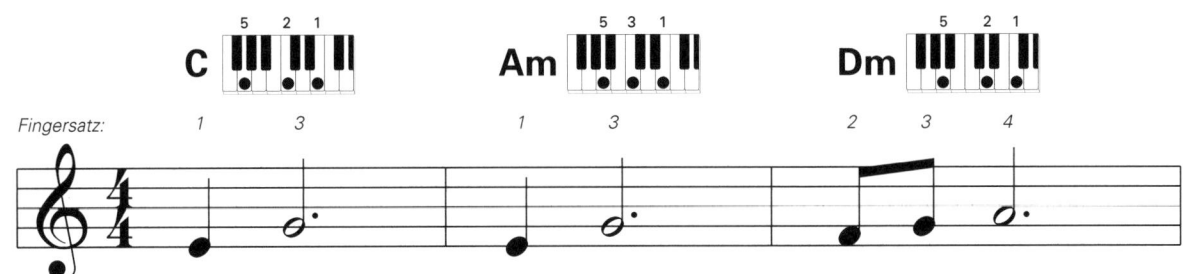

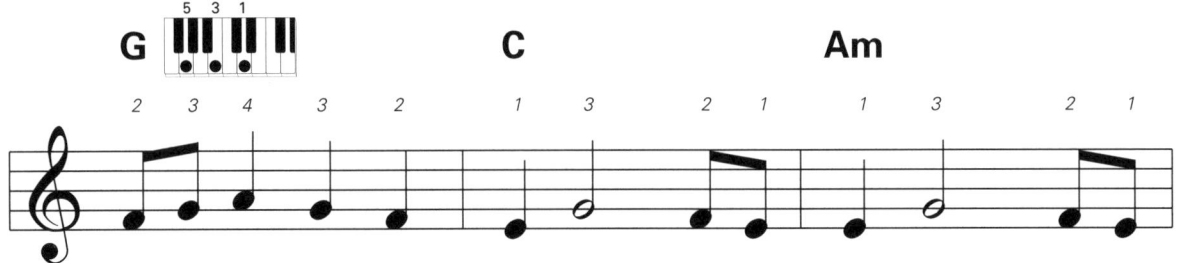

Amazing Grace

Das bekannte Spiritual *Amazing Grace* beginnt mit einem Auftakt. (vgl. S. 62). Um das d in Takt 12 bequem zu erreichen, muss in Takt 11 ein Übersatz mit dem Zeigefinger über den Daumen gespielt werden. Dieser Song ist auf der CD mit einer viertaktigen Einleitung (Keyboard-Funktion **Intro**) eingespielt.

SOUND	Trumpet
STYLE	Slow Waltz
TEMPO	♩ = 100

Musik: Traditional
Bearbeitung: Bessler/Opgenoorth
© Voggenreiter Verlag, Bonn

73

Yankee Doodle

Der Fingersatz für dieses bekannte amerikanische Volkslied ist nicht ganz einfach. Achte besonders auf den Übersatz mit dem Zeigefinger in Takt 7 und die schwierige Übersatz-Untersatz-Kombination in Takt 11/12. Dieser Song ist auf der CD mit einer viertaktigen Einleitung (Keyboard-Funktion **Intro**) eingespielt.

SOUND	Honky-Tonk Piano
STYLE	Country
TEMPO	♩ = 178

Musik: Traditional
Bearbeitung: Bessler/Opgenoorth
© Voggenreiter Verlag, Bonn

74

79

17 Fingerwechsel

Eine weitere Spieltechnik für Melodien mit großem Tonumfang ist der **Fingerwechsel**.

Dieser bietet sich besonders bei einer Tonwiederholung an, daher wird diese Technik auch **Fingerwechsel bei Tonrepetition** (= Tonwiederholung) genannt.

Der Trick besteht darin, dass man bei einer Tonwiederholung die Wiederholung(en) nicht mit dem gleichen Finger spielt. Der Zweck dieser Technik ist es, eine Handverschiebung an einer unauffälligen Stelle vorzunehmen.

Das klingt alles furchtbar kompliziert, wird aber bei den Übungen ohne weitere Erklärungen deutlich werden.

Übung 1   75

Dies sind natürlich nur Übungen. In der Praxis kommen Fingerwechsel in dieser Anzahl sehr selten vor.

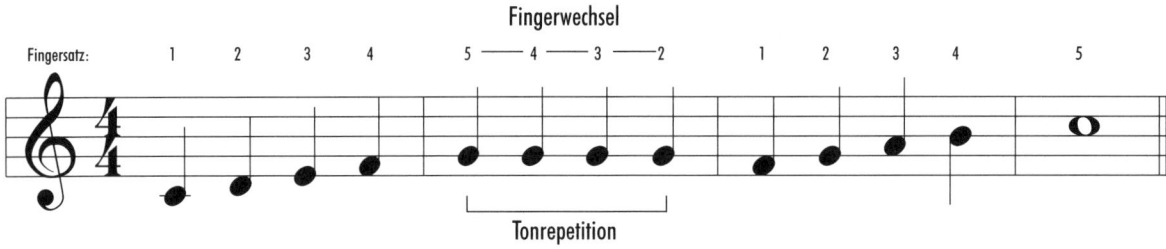

Übung 2   76

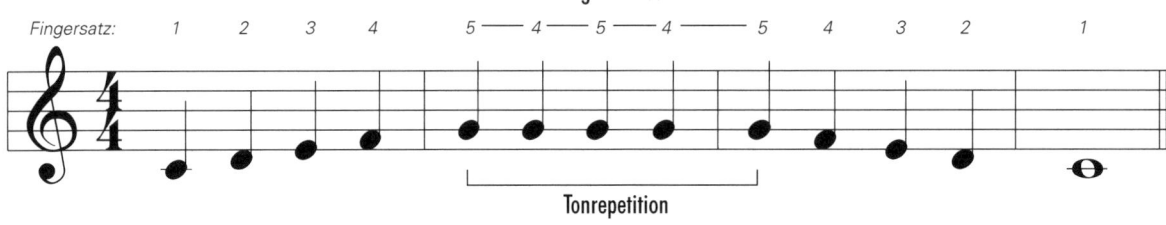

Cancan

Dieses Stück stammt ursprünglich aus der Oper *Orpheus in der Unterwelt* von Jacques Offenbach. Es steigert sich dort zu rasendem Tempo, weshalb Offenbach es auch als „Höllengalopp" (Galop infernal) bezeichnet hat.

Hier kommen eine Reihe von Spieltechniken vor: Fingerspreizung, Handverschiebung, Untersetzen und einige Fingerwechsel. All dies muss sehr langsam eingeübt werden, bevor das Tempo allmählich gesteigert wird.

SOUND	E-Piano
STYLE	Polka
TEMPO	♩ = 150

Musik: Jacques Offenbach
Bearbeitung: Bessler/Opgenoorth
© Voggenreiter Verlag, Bonn

18 Weihnachtslieder

Alle Jahre wieder

Zum Abschluss gibt es noch eine Weihnachtslektion. Das nächste Weihnachtsfest kommt bestimmt und dann sollte man als Keyboarder vorbereitet sein ...
In diesem Lied wird der Übersatz im 2./3. Takt nicht mit dem Mittelfinger, sondern mit dem Zeigefinger gespielt (wie auch bei *Amazing Grace* und *Yankee Doodle*). Der Übersatz in Takt 7 ist wegen der kürzeren Notenwerte (Achtelnoten) etwas schwieriger.

SOUND	Panflute
STYLE	Epic Ballad
TEMPO	♩ = 80

Musik: Traditional

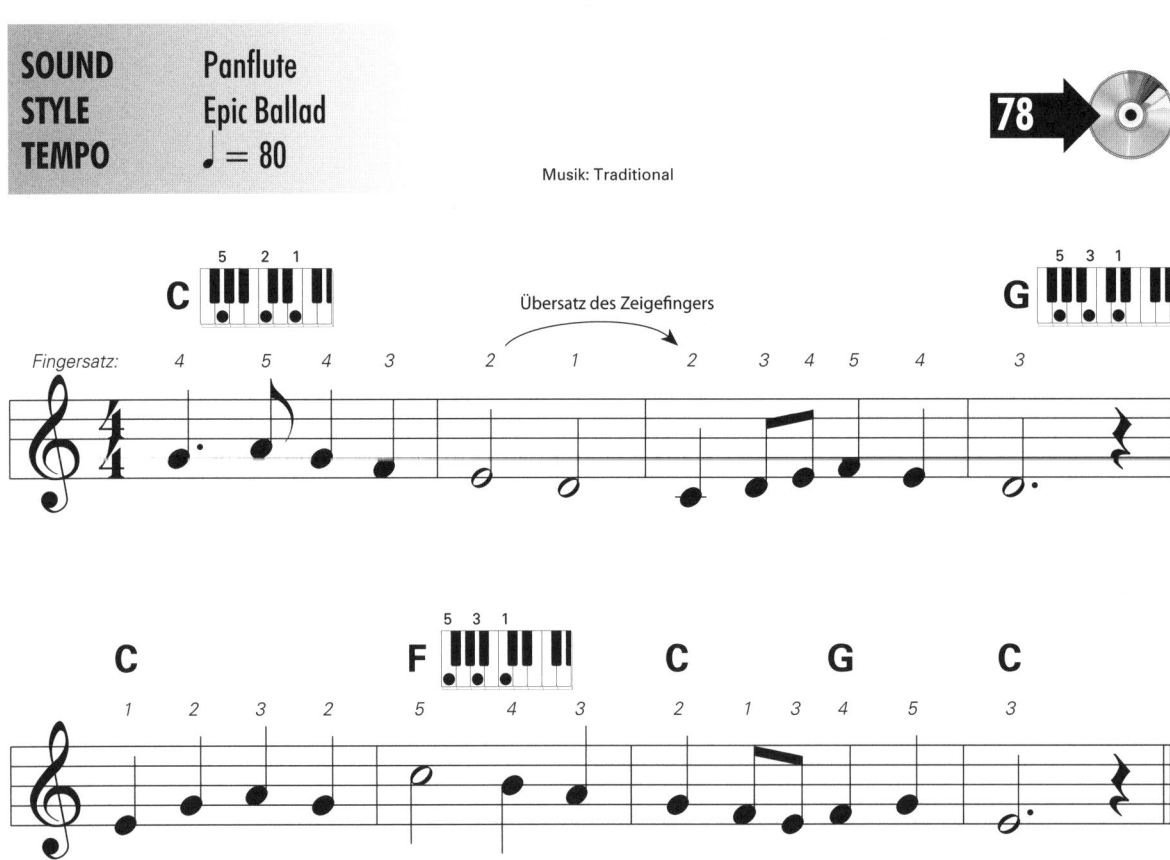

Jingle Bells

Auch wenn dieser Song sehr einfach aussieht: Die Schwierigkeit liegt darin, die Tonrepetitionen möglichst gleichmäßig zu spielen.

SOUND	Bells (Glocken)
STYLE	Foxtrot, Slow Foxtrot
TEMPO	♩ = 120

Musik: Traditional

1. Wie heißen die folgenden Noten und Pausen?

a)   ♪   ....

b)   𝗼   ....

c)   ψ   ....

d)   𝅗𝅥   ....

e)   𝄽   ....

f)   ♩   ....

g)   ▬   ....

2. Was bedeutet dieses Zeichen?

3. Welche Tasten werden in der Begleitautomatik für die folgenden Akkorde gegriffen? Wie lautet der Fingersatz? („Fingered Chord"-Modus)

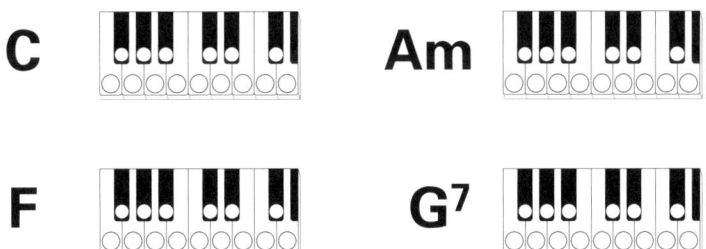

4. In welcher Taktart stehen die beiden Notenbeispiele?

a)

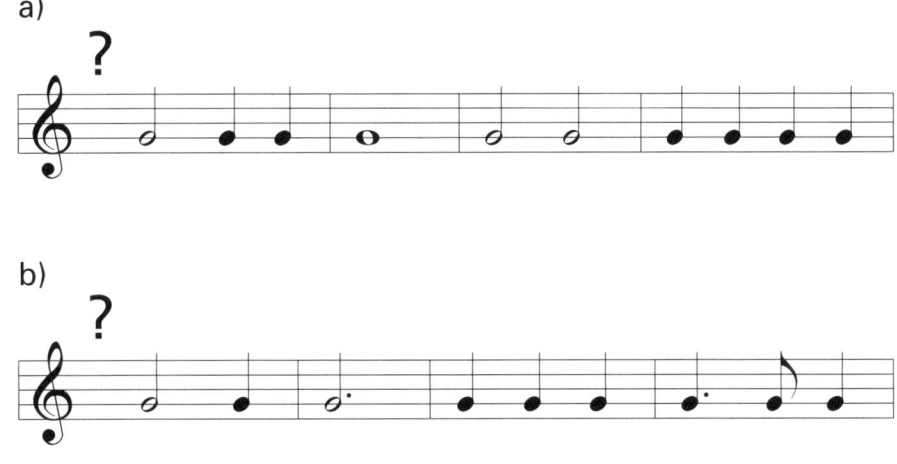

b)

5. In jedem Takt fehlt die letzte Note. Ergänze in jedem Takt unter dem x eine einzelne Note, damit die Takte vollständig werden.

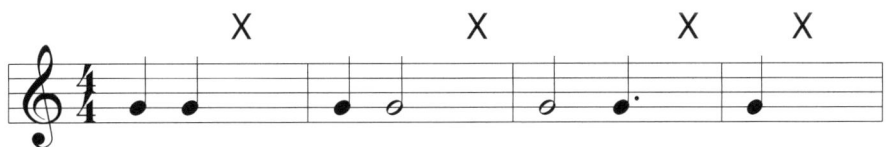

ANHANG

Testlösungen

Test 1
1. Die Stammtöne lauten: c d e f g a b
2. a) die Tonhöhe
   b) die Tondauer
3. Ein Notensystem hat 5 Linien.
4. Hilfslinien zeigen an, wie weit eine Note über oder unter dem Notensystem steht.
5. Wenn der Kopf einer Note auf der 3. Linie oder höher steht, zeigt der Notenhals nach unten.

6.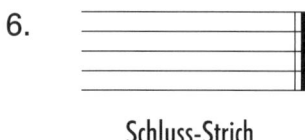

   Schluss-Strich

Test 2
1.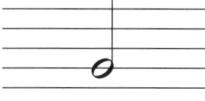

   halbe Note

2. Eine halbe Note im 4/4-Takt dauert zwei Zählzeiten.
3. Zwei Viertelnoten entsprechen der Länge einer halben Note.

4.

Test 3
1.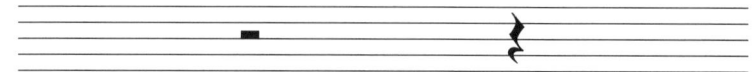

   halbe Pause   Viertelpause

2. Zwei Viertelpausen haben die gleiche Länge wie eine halbe Pause.
3. In einen 4/4-Takt passen acht Achtelnoten.
4. 2 Achtelnoten haben die gleiche Länge wie eine Viertelpause.

5.

Test 4 1.

halbe Pause   ganze Pause

2.

Test 5 1.

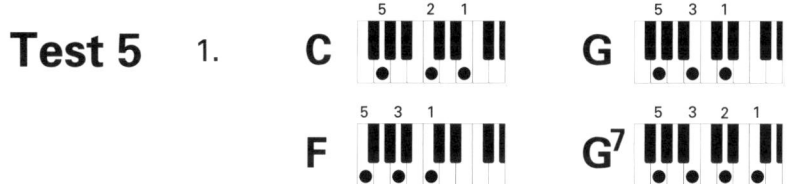

Test 6 1.

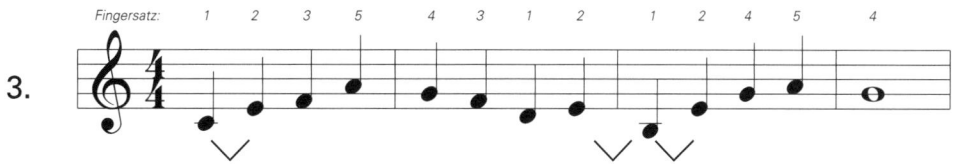

2. Spreizung bedeutet, dass zwischen zwei Fingern eine Taste frei bleibt, die fünf Finger einer Hand also nicht benachbarte weiße Tasten spielen.

3.

87

Test 7

1. Eine punktierte Note wird um die Hälfte ihres Wertes verlängert.

2. Sechs Achtelnoten haben die gleiche Länge wie eine punktierte halbe Note.

3.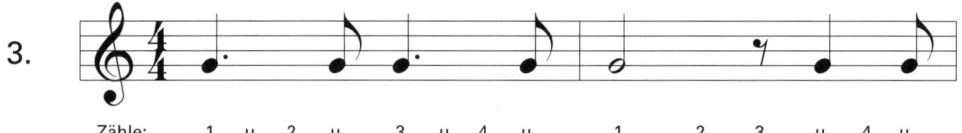
Zähle: 1 u. 2 u.   3 u. 4 u.   1   2   3 u. 4 u.

1   u.   2   3   4   1   u.   2 u.   3 u.   4

4. D   Dm

Test 8

1. In einen 3/4-Takt passen sechs Achtelnoten.

2. Der Walzer ist ein Tanz im 3/4-Takt.

3. Die punktierte halbe Note ist der längste Notenwert, der in einem 3/4-Takt vorkommen kann.

4.
Zähle: 1 u. 2 u.   3   4 u.   1 2 3 4 u.   1   2 u. 3 u.   4

Zähle: 1   2   3   1   2   3   1 u. 2   3 u.   1 u. 2 u. 3 u.

Abschlusstest

1. a) Achtelnote
   b) ganze Note
   c) Achtelpause
   d) halbe Note
   e) Viertelpause
   f) Viertelnote
   g) halbe Pause

2. Das ist der Violin-Schlüssel (oder G-Schüssel). Er gibt an, dass der Ton g' auf der zweiten Linie von unten notiert wird.

3.

4. a) Vierviertel-Takt

   b) Dreiviertel-Takt

5.

Für Keyboarder ...

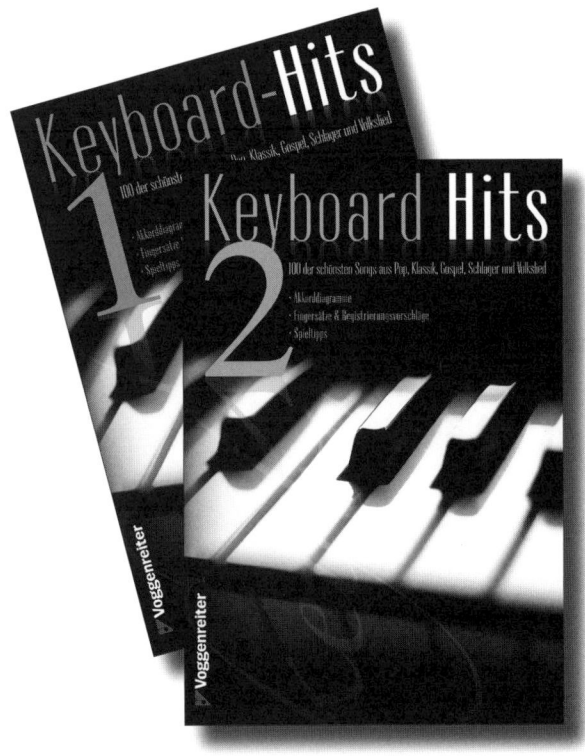

Bessler / Opgenoorth
Keyboard-Hits 1 & 2

100 weltbekannte und beliebte Songs aus zahlreichen Stilrichtungen, für Keyboard bearbeitet.
Ob Klassik, Schlager, Stimmungslied, Volkslied, Gopsel oder Popsong – für jeden Geschmack und jede Gelegenheit ist hier etwas dabei. Alle Songs sind mit Registrierungsvorschlägen, Fingersätzen und Spieltipps versehen. Hinweise auf spieltechnische Problemstellen und Akkordgrafiken für die linke Hand machen die Stücke auch für Nicht-Profis spielbar.

DIN A4, 256 Seiten
Band 1: ISBN: 978-3-8024-0777-2
Band 2: ISBN: 978-3-8024-0778-9

Bessler/Opgenoorth
Keyboardtabelle

Die praxisgerechte Übersicht über Akkorde, Tonleitern und harmonische Verwandtschaften für Jazz-, Rock- und Popmusik. Alle Akkorde und die wichtigsten Skalen werden sowohl in Notenschrift wie als Tastendiagramm oder Griffbild gezeigt, daher ist dieser Band gleichermaßen für Anfänger und Fortgeschrittene geeignet. Diese Tabelle ermöglicht jedem die Erweiterung seiner musikalischen Fähigkeiten.

DIN A5, 128 Seiten
ISBN: 978-3-8024-0250-0

Die Noten und ihre Tasten

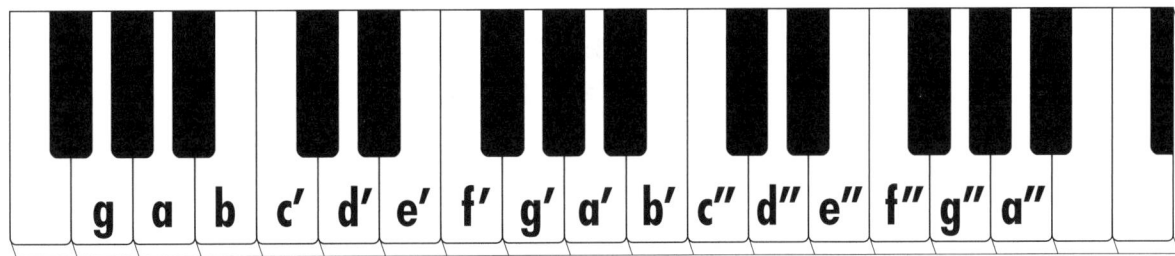

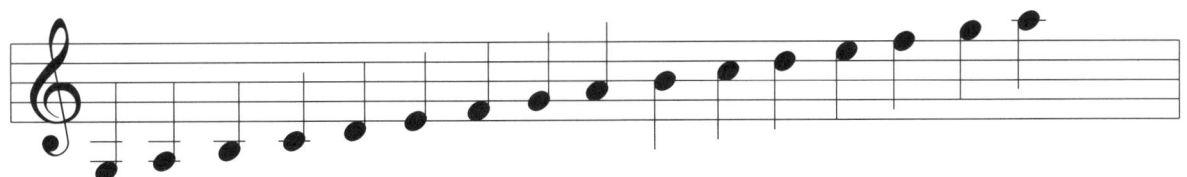

Übersicht über Notenwerte und Pausen

CD-Verzeichnis

Auf der beiliegenden CD sind alle Stücke und Übungen dieser Schule eingespielt. Für die Songs wurde ein Keyboard der Mittelklasse verwendet. Die Aufnahme erfolgte ohne elektronische Nachbehandlung, damit sich die Klangqualität zu stark vom Klang des Keyboards zuhause unterscheidet.

Es empfiehlt sich, vor dem Spielen einer Übung oder eines Stückes zuerst das entsprechende Stück in Ruhe anzuhören. Die Tracknummern der Stücke werden bei den Noten angegeben. Wer sich einen Eindruck verschaffen will, was man in dieser Schule lernt, kann sich zuerst einmal die Songs anhören. Die Tracknummern sind:

7, 12, 13, 17, 23, 27, 31, 36, 39, 42, 45, 46, 51, 56, 57, 62, 63, 67, 68, 72, 74, 76, 77, 78, 79

Mit dem QR-Code (S.2) können Sie die CD (im MP3-Format) auf Ihr Smartphone, Tablet oder Ihren Computer herunterladen.